21 世纪中等职业教育特色精品课程系列教材
中等职业教育课程改革项目研究成果

化　学

通用

（全一册）

主　编　陈　靖
副主编　樊新安　姚晶雯　何玉珍
编　委　王改丽　王清华　龙再嘉
　　　　王泽德　康道德　傅细华
　　　　吴国华

北京理工大学出版社
BEIJING INSTITUTE OF TECHNOLOGY PRESS

内 容 提 要

本书共分为九个部分，包括物质的结构及变化，电解质溶液、物质的量、化学反应的基本知识，重要的非金属及其化合物，几种金属及其重要化合物，来自化石能源的基本化工原料——烃，烃的衍生物及高分子材料和实验部分。本书内容全面，形式新颖，符合中职教育特点。

图书在版编目（CIP）数据

化学：通用：全一册/陈靖主编. — 北京：北京理工大学出版社，2021.8重印

ISBN 978-7-5640-3520-4

Ⅰ.①化…　Ⅱ.①陈…　Ⅲ.①化学课–专业学校–教材　Ⅳ.①G634.81

中国版本图书馆CIP数据核字（2010）第148066号

出版发行／北京理工大学出版社有限责任公司

社　　　址／北京市海淀区中关村南大街5号

邮　　　编／100081

电　　　话／（010）68914775（总编室）

　　　　　　（010）82562903（教材售后服务热线）

　　　　　　（010）68948351（其他图书服务热线）

网　　　址／http：//www.bitpress.com.cn

经　　　销／全国各地新华书店

印　　　刷／北京天正元印务有限公司

开　　　本／787毫米×1092毫米　1/16

印　　　张／9.5

字　　　数／244千字

版　　　次／2021年8月第1版第5次印刷

定　　　价／24.50元

责任校对／王　丹

责任印制／边心超

图书出现印装质量问题，请拨打售后服务热线，本社负责调换

前　言

化学是重要的基础科学之一，在与物理学、生物学、自然地理学、天文学等学科的相互渗透中，得到了迅速的发展，也推动了其他学科和技术的发展。例如，核酸化学的研究成果使今天的生物学从细胞水平提高到分子水平，建立了分子生物学；对地球、月球和其他星体的化学成分的分析，得出了元素分布的规律，发现了星际空间有简单化合物的存在，为天体演化和现代宇宙学提供了实验数据，还丰富了自然辩证法的内容。

化学对我们认识和利用物质具有重要的作用，世界是由物质组成的，化学则是人类用以认识和改造物质世界的主要方法和手段之一，它是一门历史悠久而又富有活力的学科，与人类进步和社会发展的关系非常密切，人类在化学领域取得的成就是社会文明的重要标志。

本教材是根据《中等职业学校化学教学大纲》所规定的基础内容和要求编写的。从中等职业教育的地位和作用出发，结合化学的学科特点、学生的认知水平、社会需求和中等职业学校教学的实际情况，选材广泛、内容丰富、形式新颖多样，兼顾基础性、灵活性以及实用性，突出职业教育的特点，便利教学。本教材在体系和内容结构上，理论知识和元素化合物知识相对独立，穿插编排，兼顾教学的选择性和学生的可接受性。在知识的深度和广度上，理论知识侧重科学态度和化学观念的形成，元素化合物知识侧重化学与生活、生产的联系，并且尽量从学生已有知识或熟悉的生活常识出发，深入浅出，通俗易懂。在内容呈现上，除了教材内容外，添加了"小锦囊"和"知识库"等内容，灵活多样，充分调动学生的积极性。由于本教材组稿仓促，希望广大教师和教研人员以及学生朋友在使用教材的过程中提出宝贵的意见和建议。

编者

目 录

物质的结构及变化

在初中已经学习了氧、氢、碳、铁等元素和它们的一些化合物以及一些有关原子结构的知识,初步了解了元素的性质与元素原子核外电子层排布有密切的关系,基本了解了离子化合物和共价化合物的形成过程以及化合价的实质。本章将在初中学习的基础上,进一步学习原子结构以及元素周期律、化学键的知识,为继续较深入地学习化学打下基础。

1. 了解原子结构的相关知识。

2. 熟悉并掌握元素周期律和元素周期表。

3. 理解并掌握化学键中的离子键和共价键的概念。

第一节 原子的基本结构

一、原子核

原子核虽小,但并不简单,它是由质子和中子构成的。现将构成原子的粒子及其性质归纳于表1－1中。

表1－1　构成原子的粒子及其性质

构成原子的粒子	电　子	原子核	
		质子	中子
电性和电量	1个电子带1个单位负电荷	1个质子带1个单位正电荷	电中性
质量/kg	$9.109\ 4 \times 10^{-31}$	$1.672\ 6 \times 10^{-27}$	$1.674\ 9 \times 10^{-27}$

原子作为一个整体为电中性,而核电荷数(mlclear charge number)又是由质子数决定的,因此,

$$核电荷数(Z)＝核内质子数＝核外电子数$$

从表1—1可以看出,电子质量很小,仅约为质子质量的1/1 836。所以,原子的质量主要集中在原子核上。质子和中子的相对质量分别为1.007和1.008,取近似整数值为1。如果忽略电子的质量,将原子核内所有的质子和中子的相对质量取近似整数值加起来,所得的数值,叫做质量数,用符号A表示。中子数用符号N表示。则

$$质量数(A)＝质子数(Z)＋中子数(N)$$

所以,只要知道上述三个数值中的任意两个,就可以推算出另一个数值。例如,知道碳原子的核电荷数为6,质量数为12,则

$$碳原子的中子数 N＝A-Z＝12-6＝6$$

归纳起来,如以$_D^A X$代表一个质量数为A、质子数为Z的原子,那么,组成原子的粒子间的关系可以表示为

$$原子_D^A X \begin{cases} 原子核 \begin{cases} 质子 & Z个 \\ 中子 & (A-Z)个 \end{cases} \\ 核外电子 & Z个 \end{cases}$$

　　原子是由居于原子中心的带正电荷的原子核和核外带负电荷的电子构成的。原子很小,但原子核又比原子小得多,它的半径约为原子半径的几万分之一,它的体积只占原子体积的几千万亿分之一。如果假设原子是一座庞大的体育场,则原子核只相当于体育场中央的一只蚂蚁。

二、同位素

1.同位素

(1)定义　人们把具有相同的质子数和不同的中子数的同一元素的原子互称同位素(isotope)。许多元素都有同位素。如$_1^1 H$、$_1^2 H$、$_1^3 H$是氢的三种同位素;铀元素有$_{92}^{234} U$、$_{92}^{235} U$、$_{92}^{238} U$等多种同位素;碳元素有$_6^{12} C$、$_6^{13} C$和$_6^{14} C$等几种同位素。

(2)用途　许多同位素具有重要的用途,如可以利用$_1^2 H$、$_1^3 H$制造氢弹;利用$_{92}^{235} U$制造原子弹和作核反应堆的燃料;利用$_{27}^{60} Co$给金属制品探伤,抑制马铃薯、洋葱等发芽并延长它们的储存保鲜期,以及治疗癌肿等。而$_6^{12} C$就是我们将它的质量的1/12当做相对原子质量标准的那种碳原子。

2. 元素的相对原子质量

天然存在的某种元素,不论是以单质状态存在还是以化合物状态存在,各种同位素原子所占的百分比一般是不变的。通常我们所说的某种元素的相对原子质量(relative atomic mass),实际上是按该元素各种天然同位素原子所占的百分比求得的平均质量与$_6^{12} C$质量的1/12之比。

三、原子核外电子的排布

1. 电子层

　　氢原子只有一个电子,这个电子在核外空间一定区域内做高速运动。在含有多个电子的原子里,由于电子的能量不尽相同,它们运动的区域也不相同。通常,能量低的电子在离核近的区域运动,而能量高的就在离核较远的区域运动。

　　根据这种差别,可以把核外电子分成不同的电子层。用 n 表示从内到外的电子层次,$n=$ 1、2、3、4、5、6、7,分别称为 K、L、M、N、O、P、Q 层。n 值越大,说明电子离核越远,能量越高。

2. 核外电子排布

　　核外电子的分层运动,又叫核外电子的分层排布。科学研究证明,电子一般总是尽先排布在能量最低的电子层里,对于核电荷数为 1~18 的原子来说,核外电子的排布是先排 K 层,K 层排满后,排布 L 层,L 层排满后,再排布 M 层。

　　那么每个电子层排布多少个电子才算排满了呢?为了解决这个问题,首先来研究稀有气体元素的原子中电子排布的情况,见表 1-2。

表 1-2　稀有气体元素原子的电子排布情况

核电荷数	元素名称	元素符号	各电子层的电子数					
			K	L	M	N	O	P
2	氦	He	2					
10	氖	Ne	2	8				
18	氩	Ar	2	8	8			
36	氪	Kr	2	8	18	8		
54	氙	Xe	2	8	18	18	8	
86	氡	Rn	2	8	18	32	18	8

　　从表 1-2 不难看出 K 层、L 层、M 层最多能排布的电子数。也不难看出,不论有几个电子层,最外层的电子数最多只有 8 个(最外层是 K 层,为 2 个电子)。一般地说,最外层 8 个电子是相对稳定的结构。

　　1. 根据表 1-2 和初中学习的部分元素原子结构示意图的知识,讨论核电荷数为 1~18 的元素原子核外电子排布的情况以及核外电子排布的一般规律,并将讨论的结果分别填入表 1-3 和表 1-4 中。

表 1-3　核电荷数为 1~18 的元素原子核外电子排布的情况

核电荷数	元素名称	元素符号	各电子层的电子数		
			K	L	M
1	氢				
2	氦				
3	锂				
4	铍				
5	硼				
6	碳				
7	氮				
8	氧				
9	氟				
10	氖				
11	钠				
12	镁				
13	铝				
14	硅				
15	磷				
16	硫				
17	氯				
18	氩				

表 1-4　核外电子分层排布的一般规律

K 层为最外层时，最多能容纳的电子数	
除 K 层外，其他各层为最外层时，最多能容纳的电子数	
次外层最多能容纳的电子数	
第 n 层里最多能容纳的电子数	$2n^2$

　　2. 根据第 n 层最多能容纳 $2n^2$ 个电子的规律，请你检验一下你所判断的 K、L、M 层最多容纳的电子数是否符合这一规律。

第二节　元素周期律和元素周期表

一、元素周期律

　　1. 核外电子排布的周期性

　　表 1-5 为原子序数为 1~18 的元素原子最外电子层的电子数。

　　•原子序数为 1~2 的元素，即从氢到氦，有一个电子层，电子由 1 个增加到 2 个，达到稳定结构。

　　•原子序数为 3~10 的元素，即从锂到氖，有两个电子层，最外电子层电子数从 1 个递增到 8 个，达到稳定结构。

　　•原子序数为 11~18 的元素，即从钠到氩，有三个电子层，最外电子层电子数也从 1 个递增到 8 个,达到稳定结构。对 18 号以后的元素继续研究的结果表明:每隔一定数目的元素,会重复出现原子最外层电子数从 1 个递增到 8 个的情况。也就是说,随着原子序数的递增,元素原子的最外层电子排布呈周期性的变化。

迄今为止,人类已经发现和人工合成了一百余种元素。这些元素之间是否存在着某种内在联系?为了探讨这个问题,我们将核电荷数为 1～18 的元素的核外电子排布、原子半径和主要化合价列成表(表 1—5)来加以讨论。为了方便,人们按核电荷数由小到大的顺序给元素编号,这种序号叫做该元素的原子序数(atomic number)。显然,原子序数在数值上与该元素原子的核电荷数相等。表 1—5 就是按原子序数的顺序编排的。

表 1—5　1～18 号元素的核外电子排布、原子半径和主要化合价

原子序数	1							2
元素名称	氢							氦
元素符号	H							He
核外电子排布	1							2
原子半径/nm	0.037							—①
主要化合价	+1							0
原子序数	3	4	5	6	7	8	9	10
元素名称	锂	铍	硼	碳	氮	氧	氟	氖
元素符号	Li	Be	B	C	N	O	F	Ne
核外电子排布	2 1	2 2	2 3	2 4	2 5	2 6	2 7	2 8
原子半径/nm	0.152	0.089	0.082	0.077	0.075	0.074	0.071	—
主要化合价	+1	+2	+3	+4 −4	+5 −3	−2	−1	0
原子序数	11	12	13	14	15	16	17	18
元素名称	钠	镁	铝	硅	磷	硫	氯	氩
元素符号	Na	Mg	Al	Si	P	S	Cl	Ar
核外电子排布	2 8 1	2 8 2	2 8 3	2 8 4	2 8 5	2 8 6	2 8 7	2 8 8
原子半径/nm	0.186	0.160	0.143	0.117	0.110	0.102	0.099	—
主要化合价	+1	+2	+3	+4 −4	+5 −3	+6 −2	+7 −1	0

注:①稀有气体元素原子半径的测定方法与相邻非金属元素的不同,数字不具有可比性,故不列出。

2. 元素主要化合价的周期性变化

从表1－5可以看到,从第11号元素到第18号元素在极大程度上重复着从第3号元素到第10号元素所表现的化合价的变化——正价从＋1(Na)逐渐递变到＋7(Cl),从中部的元素开始有负价,负价是从－4(Si)递变到－1(Cl)。第18号元素以后的元素的化合价,同样与前面18种元素有相似的变化。也就是说,元素的化合价随着原子序数的递增而起着周期性的变化。

原子序数(原子的核电荷数)、核外电子排布和原子半径,均是原子结构的重要数据。元素的主要化合价是元素的重要性质。今后将要学习到的元素的其他许多性质,也具有与元素原子结构及主要化合价相似的周期性变化的趋势。

通过以上讨论,可以归纳出这样一条规律,就是元素的性质随着元素原子序数的递增而呈周期性的变化。这个规律叫做元素周期律(periodic law of elements)。

元素性质的周期性变化是元素原子结构(特别是原子核外电子排布)的周期性变化的必然结果。

3. 原子半径的周期性变化

从表1－5和图1－1可以看出,由锂到氟,随着原子序数的递增,原子半径由 0.152 nm 递减到 0.071 nm,即原子半径由大逐渐变小。再由钠到氯,随着原子序数的递增,原子半径由 0.186 nm 递减到 0.099 nm,原子半径也是由大逐渐变小。如果把所有的元素按原子序数递增的顺序排列起来,将会发现,随着原子序数的递增,元素的原子半径发生周期性的变化。

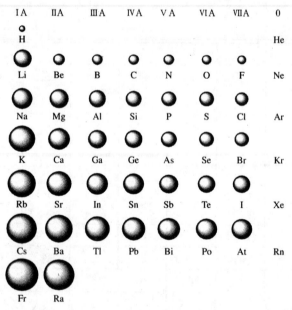

图1－1　一些元素原子半径的周期性变化

二、元素周期表的基本知识

1. 元素周期表的基本结构

(1)横行　元素周期表有 7 个横行,也就是 7 个周期。具有相同的电子层数而又按照原子序数递增的顺序排列的一系列元素,称为一个周期(period)。

周期的序数就是该周期元素具有的电子层数。除第 1 周期只包括氢和氦、第 7 周期尚未填满外,每一周期的元素都是从最外层电子数为 1 的活泼的金属元素(第一周期除外)(如锂、钠、钾等)开始,逐渐过渡到最外层电子数为 7 的活泼的非金属元素(如氟、氯等),最后以最外层电子数为 8 的稀有气体元素结束。

(2)周期 元素周期表共有 7 个周期,第 1 至第 3 为短周期,第 4 至第 6 为长周期,第 7 周期尚未发现完,称为不完全周期。

元素周期表下方有两行元素,即镧系元素和锕系元素,它们分别属于第 6 和第 7 周期。这两个系列元素由于它们各自的电子层结构和性质相近,所以分别把它们作为一个系列放在第 6、第 7 周期各一个格内。为了使表更清晰并且使表的结构紧凑,同时把各个系列所含元素分别展开另列于表的下方。

(3)纵行 周期表有 18 个纵行。除了第 8、9、10 这 3 个纵行合称第Ⅷ族元素外,其余 15 个纵行,每个纵行标作一族。

• 族(group)又分主族(main group)和副族(Subgroup)。由短周期元素和长周期元素共同构成的族,叫做主族;完全由长周期元素构成的族,叫做副族。

• 主族元素在族的序数(习惯用罗马数字表示)后面标一 A 字,如ⅠA、ⅡA、…。副族元素标一 B 字,如ⅠB、ⅡB、…。稀有气体元素化学性质非常不活泼,在通常状况下难以发生化学反应,历史上把它们的化合价看做 0,因而叫做 0 族。

根据元素周期律,把电子层数目相同的各种元素,按原子序数递增的顺序从左到右排成横行,再把不同横行中最外电子层的电子数相同的元素,按电子层数递增的顺序由上而下排成纵行,这样得到的一个表,叫做元素周期表(periodic table of elements)。元素周期表是元素周期律的具体表现形式,它反映了元素之间相互联系的规律,是我们学习化学的重要工具。

(4)过渡元素 元素周期表的中部从ⅢB 族到ⅡB 族 10 个纵行,包括了第Ⅷ族和全部副族元素,共六十多种元素,称为过渡元素。这些元素都是金属元素,所以又把它们叫做过渡金属元素。

2. 周期表影响元素性质的因素

元素在周期表中的位置,反映了该元素的原子结构和一定的性质。于是,可以根据某元素在周期表中的位置,推论它的原子结构和一定的性质。

根据一些元素在周期中的位置,可以分析判断元素的金属性与非金属性的变化趋势。金属元素的原子容易失去电子,非金属元素的原子容易得到电子,所以,元素失、得电子的能力,是元素金属性、非金属性强弱的一种表现。

• 在同一周期中,各元素的原子核外电子层数虽然相同,但从左到右,核电荷依次增多,原子半径逐渐减小,原子核对最外层电子的引力逐渐增大,失电子能力逐渐减弱,得电子能力逐渐增强,因此,金属性逐渐减弱,非金属性逐渐增强。

• 在同一主族的元素中,由于从上到下电子层数增多,原子半径增大,虽然核电荷也逐渐增多,但原子半径的增大起主要作用,原子核对最外层电子的引力逐渐减弱,失电子能力逐渐增强,得电子能力逐渐减弱,所以元素的金属性逐渐增强,非金属性逐渐减弱。

• 以上的分析判断可以从以后的元素化合物知识的学习中得到印证。

注：副族元素化学性质的变化规律比较复杂，这里就不讨论了。

另外，还可以在周期表上对金属元素和非金属元素进行分区（表1－6）。沿着周期表中硼、硅、砷、碲、砹和铝、锗、锑、钋之间画一条虚线，虚线的左边是金属元素，右边是非金属元素。周期表的左下方是金属性最强的元素，右上方是非金属性最强的元素。最右一个纵行是稀有气体元素。由于金属性、非金属性没有严格的界线，位于分界线附近的元素不仅表现出某些金属性质，而且现出某些非金属性质。

表1－6　元素金属和非金属性的递变

周期＼族	ⅠA ⅡA　　ⅢA ⅣA ⅤA ⅥA ⅦA　　　0
1	非金属性逐渐增强 →
2	金属性逐渐增强 ↓　　　B
3	Al Si
4	Ge As
5	Sb Te
6	Po At
7	← 金属性逐渐增强

（右侧纵向：非金属性逐渐增强　稀有气体元素）

讨论

在元素周期表中，什么元素金属性最强，什么元素非金属性最强？从原子结构如何说明？根据某些元素在周期表中的位置，可以分析判断它们的性质是否相似。如果某些元素处所以于同一主族中，由于它们的原子最外层电子数相同，在化学反应中得电子或失电子的趋势和数目基本相同，它们的化学性质也相似。例如ⅦA族元素氟、氯、溴、碘，它们的原子最外电子层都有7个电子，容易得到1个电子形成8电子稳定结构，因此性质相似，都是活泼的非金属元素。如果元素处于不同的主族，它们的化学性质就有差异，而且元素的族序数差值越大，则性质差异就越大，这从表1－6中就可以显示出来。

根据元素在周期表中的位置，还能判断它们的化合价。元素的化合价与原子的电子层结构有关，特别是与最外层电子的数目有关。所以，一般将元素原子的最外层电子叫做价电子。

· 在周期表中，主族元素的最高正化合价等于它所在族的序数（O、F除外），这是因为族序数与最外层电子（即价电子）数相同，例如钠、钾等最外层都只有1个电子，属于ⅠA族，都是＋1价。

· 非金属元素的最高正化合价，等于原子所失去或偏移的最外层的电子数；而它的负化合价，则等于原子最外层达到8个电子稳定结构所需要得到的电子数（例如氯属于ⅦA族，原子最外层电子数为7，最高正化合价是＋7，而负化合价是－1）。

· 非金属元素的最高正化合价和它的负化合价的绝对值的和等于8。

注：副族元素和第Ⅷ族元素的化合价比较复杂，这里就不讨论了。

三、元素周期律和元素周期表的历史意义

历史上,为了寻求各种元素及其化合物间的内在联系和规律性,许多人进行了各种尝试。1869 年,俄国化学家门捷列夫在前人探索的基础上发现了元素周期律,并编制了第一个元素周期表。直到 20 世纪原子结构理论有了发展之后,元素周期律和元素周期表才发展成为现在的形式。

1. 元素周期律对化学的影响

元素周期律的发现,对化学的发展有很大的影响。元素周期表是学习和研究化学的一种重要工具。元素周期表是元素周期律的具体表现形式,它反映了元素之间的内在联系,是对元素的一种很好的自然分类。我们可以利用元素的性质、它在周期表中的位置和它的原子结构三者之间的密切关系,来对化学进行学习和研究。

过去,门捷列夫曾用元素周期律来预言未知元素并获得了证实。此后,人们在元素周期律和周期表的指导下,对元素的性质进行了系统的研究,对物质结构理论的发展起了一定的推动作用。不仅如此,元素周期律和周期表为新元素的发现及预测它们的原子结构和性质提供了线索。

2. 元素周期律对工、农业生产的影响

元素周期律和周期表对于工、农业生产也具有一定的指导作用。由于在周期表中位置靠近的元素性质相似,这样,就启发了人们在周期表中一定的区域内寻找新的物质。

• 通常用来制造农药的元素,如氟、氯、硫、磷等在周期表里占有一定区域。对这个区域里的元素进行充分的研究,有助于制造出新品种的农药。

• 可以在周期表中金属与非金属的分界处找到半导体材料,如硅、锗、硒、镓等。

• 在过渡元素中寻找催化剂和耐高温、耐腐蚀的合金材料。

3. 元素周期律对自然科学的影响

元素周期律的重要意义,还在于它从自然科学方面有力地论证了事物变化中量变引起质变的规律性。

元素周期律的发现

从 18 世纪中叶到 19 世纪中叶的 100 年间,随着科学技术的发展,新的元素不断地被发现。到 1869 年,人们已经知道了 63 种元素,并积累了不少关于这些元素的物理、化学性质的资料。因此,人们产生了整理和概括这些感性材料的迫切要求。在寻找元素性质间的内在联系的同时,提出了将元素进行分类的各种学说。

1829 年,德国人德贝莱纳(Döereiner,1780—1849)根据元素性质的相似性提出了"三素组"学说。他归纳出了 5 个"三素组":

Li Na K　　　　Ca Sr Ba　　　　P As Sb　　　　S Se Te　　　　Cl Br I

在每个"三素组"中,中间元素的相对原子质量大致等于其他两种元素相对原子质量的平均值,有些性质也介于其他两种元素之间。但是,在当时已经知道的 54 种元素中,他却只能把 15 种元素归入"三素组",因此,不能揭示出其他大部分元素间的关系。但这却是探求元素性质和相对原子质量之间关系的一次富有启发性的尝试。

1864 年,德国人迈耶耳(Meyer,1830—1895)发表了《六元素表》。在表中,他根据相对原子质量递增的顺序把性质相似的元素每六种进行分族。但《六元素表》包括的元素并不多,还不及当时已经知道的元素的一半。

1865 年,英国人纽兰兹(Newlands,1837—1898)把当时已知的元素按相对原子质量由小到大的顺序排列,发现从任意一种元素算起,每到第八种元素就和第一种元素的性质相似,犹如八度音阶一样,他把这个规律叫做“八音律”。但是,由于他没有充分估计到当时的相对原子质量测定值可能有错误,而是机械地按相对原子质量由小到大排列;他也没有考虑到还有未被发现的元素,没有为这些元素留下空位。因此,他按“八音律”排的元素表在很多地方是混乱的,没能正确地揭示出元素间的内在联系的规律。

1869 年,门捷列夫在继承和分析了前人工作的基础上,对大量实验事实进行了订正、分析和概括,成功地对元素进行了科学分类。他总结出一条规律:元素(以及由它所形成的单质和化合物)的性质随着相对原子质量的递增而呈周期性的变化。这就是元素周期律。他还根据元素周期律编制了第一张元素周期表,把已经发现的 63 种元素全部列入表里。他预言了和硼、铝、硅相似的未知元素(门捷列夫称它们为类硼、类铝和类硅元素,即以后发现的钪、镓、锗)的性质,并为这些元素在表中留下了空位。他在周期表中也没有机械地完全按照相对原子质量数值由小到大的顺序排列,并指出了当时测定的某些元素的相对原子质量数值可能有错误。若干年后,他的预言和推测都得到了证实。门捷列夫工作的成功,引起了科学界的震动。人们为了纪念他的功绩,就把元素周期律和周期表称为门捷列夫元素周期律和门捷列夫元素周期表。但是由于时代的局限,门捷列夫揭示的元素内在联系的规律还是初步的,他未能认识到形成元素性质周期性变化的根本原因。

20 世纪以来,随着科学技术的发展,人们对于原子的结构有了更深刻的认识。人们发现,引起元素性质周期性变化的本质原因不是相对原子质量的递增,而是核电荷数(原子序数)的递增,也就是核外电子排布的周期性变化。这样才把元素周期律修正为现在的形式,同时对于元素周期表也做了许多改进,如增加了 0 族等。

第三节　化学键的基本知识

一、离子键

【实验1-1】 取一块绿豆大小并已切去表层的金属钠,用滤纸吸净煤油,放在石棉网上,用酒精灯预热。待钠熔融成球状时,将盛氯气的集气瓶倒扣在钠的上方(如图 1-2),然后观察现象。

钠在氯气中剧烈燃烧,生成的氯化钠小颗粒悬浮在气体中呈白烟状。

 讨论

金属钠与氯气反应,生成了离子化合物氯化钠,试用已经学过的原子结构的知识,来分析氯化钠的形成过程,并将讨论的结果填入表1-7中。

表 1-7 氯化钠的形成

原子结构示意图	通过什么途径达到原子外层 8 电子稳定结构	用原子结构示意图表示氯化钠的形成过程
Na		
Cl		

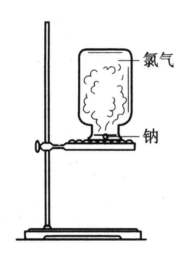

图 1-2 钠与氯气反应生成氯化钠

在钠跟氯气起反应时,钠原子的最外电子层的 1 个电子转移到氯原子的最外电子层上,从而形成了带正电荷的钠离子(Na^+)和带负电荷的氯离子(Cl^-)。这两种带有相反电荷的离子通过静电作用,形成了稳定的化合物。像氯化钠这样,使阴、阳离子结合成化合物的静电作用,叫做离子键(ionicbond)。

由于在化学反应中,一般是原子的最外层电子发生变化,所以,为了简便起见,可以在元素符号周围用小黑点(或×)来表示原子的最外层电子。这种式子叫做电子式。例如:

$$\text{H·} \quad :\overset{..}{\underset{..}{Cl}}· \quad ·\overset{..}{\underset{..}{O}}· \quad Na· \quad ·Mg· \quad ·Ca·$$

氢原子　氯原子　氧原子　　钠原子　　镁原子　　钙原子

离子化合物氯化钠的形成过程,也可以用电子式表示如下:

$$Na^× + :\overset{..}{\underset{..}{Cl}}: \longrightarrow Na^+ \left[:\overset{..}{\underset{..}{\overset{×}{Cl}}}: \right]^-$$

活泼金属(如钾、钠、钙、镁等)与活泼的非金属(如氯、溴等)化合时,都能形成离子键。例如,溴化镁就是由离子键形成的:

$$·\overset{..}{\underset{..}{Br}}· + _×Mg_× + ·\overset{..}{\underset{..}{Br}}: \longrightarrow \left[:\overset{..}{\underset{..}{\overset{×}{Br}}}: \right]^- Mg^{2+} \left[:\overset{..}{\underset{..}{\overset{×}{Br}}}: \right]^-$$

二、共价键

1. 共价键

在初中化学的学习中我们已经知道,Cl_2 分子与 H_2 分子反应生成 HCl 分子的过程中,电子不是从一个原子转移到另一个原子，而是形成共用电子对，为氯原子与氢原子所共用。共用电子对受到两个原子核的共同吸引，使两个原子形成化合物的分子。像这样原子之间通过共用电子对所形成的相互作用，叫做共价键（covalent bond）。

HCl分子的形成过程可用电子式表示如下：

$$H \times + \cdot \ddot{\underset{..}{Cl}}: \longrightarrow H \underset{\times}{:} \ddot{\underset{..}{Cl}}:$$

2. 共价键的种类

（1）单质分子　许多单质分子，如 H_2、Cl_2 等，是通过共价键形成的，它们的形成过程也可用电子式表示如下：

$$H \cdot + \cdot H \longrightarrow H:H$$

$$:\ddot{Cl} \cdot + \cdot \ddot{Cl}: \longrightarrow :\ddot{Cl}:\ddot{Cl}:$$

（2）非金属元素　同种或不同种非金属元素化合时，它们的原子之间能形成共价键。

在化学上常用一根短线表示一对共用电子，因此，上述几种分子又可以表示为 H—Cl、H—H 和 Cl—Cl。

从有关离子键和共价键的讨论中，我们可以看到，原子结合成分子时原子之间存在着相互作用。这种相互作用不仅存在于直接相邻的原子之间，而且也存在于分子内非直接相邻的原子之间。前一种相互作用比较强烈，破坏它要消耗比较大的能量，是使原子互相联结形成分子的主要因素。这种相邻的原子之间强烈的相互作用叫做化学键（chemical bond）。

3. 用化学键的观点来概略地分析化学反应的过程

如分析 H_2 分子与 Cl_2 分子作用生成 HCl 分子的反应过程。反应的第一步是 H_2 分子和 Cl_2 分子中原子之间的化学键发生断裂（旧键断裂），生成了 H 原子和 Cl 原子。反应的第二步是 H 原子和 Cl 原子相互结合，形成 H、Cl 之间的化学键 H—Cl（新键形成）。分析其他化学反应，可以得出过程类似的结论。因此，我们可以认为，一个化学反应的过程，本质上就是旧化学键断裂和新化学键形成的过程。

知识库

在通常情况下，氯化钠是晶体。在氯化钠晶体中，每个氯离子的周围都有 6 个钠离子，每个钠离子的周围都有 6 个氯离子，如图1—3所示。因此，在氯化钠晶体中不存在 NaCl 这样一个一个的分子。只有在蒸气状态时，才可能有 NaCl 分子或离子对。

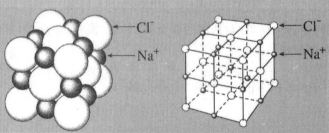

图1—3　氯化钠晶体中 Na^+ 与 Cl^- 的排列方式示意图

一、填空题

1. 填表

元素名称	元素符号	核内质子数	核外电子数	原子结构示意图
氦				
	N			
		11		
			17	
	F			
		13		
碳				

2. 在 $_3^6Li$、$_7^{14}N$、$_{11}^{23}Na$、$_{12}^{24}Mg$、$_3^7Li$、$_6^{14}C$ 中:

(1)中子数相等,质子数不相等的是_____和_____。

(3)互为同位素的是_____和_____。

(2)质量数相等,但不为同位素的是_____和_____。

3. 按核电荷数从 1～18 的顺序将元素如下表排列:

1							2
3	4	5	6	7	8	9	10
11	12	13	14	15	16	17	18

4. 从核外电子层数和最外层电子数分析:

(1)核电荷数为 6 和 14 的一组原子,它们的_____相同,_____不相同;核电荷数为 15 和 16 的一组原子,它们的_____相同,_____不相同;核电荷数为 10 和 18 的一组原子,它们的最外层电子数均为_____个,它们分别是_____元素的原子,一般情况下化学性质_____。

(2)某元素的原子核外有 3 个电子层,最外层电子数是核外电子总数的 1/6,该元素的元素符号是_____,原子结构示意图是_____。

5. 同一周期的主族元素,从左到右,原子半径逐渐_____,失电子能力逐渐_____,得电子能力逐渐_____,金属性逐渐_____,非金属性逐渐_____。

6. 主族元素最高正化合价一般等于其_____序数,非金属元素的负化合价等于_____。

7. 元素周期表中共有_____个横行,即_____个周期。

8. 同一主族元素,从上到下原子半径逐渐_____,失电子能力逐渐_____,得电子能力逐渐_____,金属性逐渐_____,非金属性逐渐_____。

9. 除第 1 和第 7 周期外,每一周期的元素都是从_____元素开始,以_____,元素结束。

10. 填表

核外电子排布	(+11) 2 8 1	(+7) 2 5	(+16) 2 8 6	(+12) 2 8 2
周期数				
族数				
元素名称及符号				
最高正化合价				

二、选择题

1. 下列关于 $_{20}^{42}Ca$ 的叙述中错误的是(　　　)。

A. 质量数为 20　　　B. 电子数为 20　　　C. 质量数为 42　　　D. 中子数为 20

2. 下列各组物质中,互为同位素的是(　　　)。

A. 石墨和金刚石　　　B. 河水和海水　　　C. 纯碱和烧碱　　　D. $_{6}^{12}C$ 和 $_{6}^{14}C$

3. 下列原子结构示意图中,正确的是(　　　)。

A. (+3) 3　　　B. (+8) 2 6　　　C. (+12) 2 8 3　　　D. (+19) 2 8 9

4. 某二价阴离子,核外有 18 个电子,质量数为 32,中子数为(　　　)。

A. 14　　　B. 12　　　C. 16　　　D. 18

5. 某元素的原子,原子核外有 3 个电子层,最外层有 4 个电子,该原子核内的质子数为(　　　)。

A. 14　　　B. 15　　　C. 16　　　D. 17

6. 下列分子中,有 3 个原子核和 10 个电子的是(　　　)。

A. NH_3　　　B. HF　　　C. SO_2　　　D. H_2O

7. 下列元素的原子半径最小的是(　　　)。

A. N　　　B. F　　　C. Mg　　　D. Cl

8. 元素的性质随着原子序数的递增呈现周期性变化的原因是(　　　)。

A. 元素原子的核外电子排布呈周期性变化

B. 元素的化合价呈周期性变化

C. 元素原子的电子层数呈周期性变化

D. 元素的相对原子质量呈周期性变化

9. 有一种粒子,其核外电子排布为 2、8、8,这种粒子可能是(　　　)。

A. 硫离子　　　B. 氢原子　　　C. 钙离子　　　D. 难以确定

10. 下列元素中最高正化合价数值最大的是(　　　)。

A. P　　　B. Na　　　C. Cl　　　D. Ar

11. 原子序数从 3～10 的元素,随着核电荷数的递增而逐渐增大的是(　　)。

A. 电子层数　　　　　　B. 电子数　　　　　　C. 负化合价　　　　　　D. 原子半径

12. 下列各组物质中,化学键类型相同的是(　　)。

A. HCl 和 NaCl　　　　B. Cl_2 和 CCl_4　　　　C. H_2S 和 K_2S　　　　D. F_2 和 NaBr

13. 化学键(　　)。

A. 只存在于分子之间

B. 只存在于离子之间

C. 是相邻的原子之间强烈的相互作用

D. 是相邻的离子之间强烈的相互作用

14. 与氩原子具有相同电子层结构的粒子是(　　)。

A. $\left[\ \ddot{\underset{..}{Cl}}\ \right]^{-}$　　　　　　B. Na^+　　　　　　C. (+12)2 8　　　　　　D. Ne

15. 根据原子序数,下列各组原子能以离子键结合的是(　　)。

A. 10 与 19　　　　　　B. 11 与 17　　　　　　C. 6 与 16　　　　　　D. 14 与 8

三、问答题

1. $2H$、$2H^+$、H_2、^2_1H 这些符号都代表氢,它们有什么区别?

2. 用原子结构的观点说明为什么元素性质随原子序数的递增呈周期性的变化?

3. 人们已经知道了 115 种元素,能不能说人们已经知道了 115 种原子,为什么?

4. 比较下列各对元素,哪一种元素金属性或非金属性更强?

(1)Na　K　　(2)B　Al　　(3)P　Cl　　(4)O　S　　(5)S　Cl

5. 用电子式表示:

(1)Ca 与 Br 原子形成 $CaBr_2$(离子键)的过程。

(2)H_2S 分子的形成过程。

6. 已知元素 A、B、C、D 的原子序数分别为 6、8、11、13,试回答:

(1)它们各是什么元素?

(2)不看周期表,你如何来推断它们各位于哪一周期、哪一族?

(3)写出单质 A 与 B、B 与 D 反应的化学方程式。

7. 下列元素的原子之间,哪些能形成离子键? 哪些能形成共价键?

(1)Br　　　　　　(2)Mg　　　　　　(3)Ar　　　　　　(4)H

8. 氯与氢化合时,为什么只能生成 HCl,而不能生成 H_2Cl?

9. 稀有气体为什么不能形成双原子分子?

电解质溶液

　　日常的生产和生活都离不开水,不管是在生产过程中还是在生命活动中,大量的化学反应都是在水溶液里进行的。所以,了解物质在水溶液中的一些特点和规律是非常有必要的。水溶液可分为电解质溶液和非电解质溶液。本章主要学习电解质溶液的一些相关基础知识。

　　1. 掌握强电解质和弱电解质的概念及其解离平衡。
　　2. 熟悉并掌握水的解离和溶液的酸碱性。
　　3. 理解并掌握盐类的水解。

第一节　　电解质的解离

一、强电解质和弱电解质

　　如图 2-1 所示,将适量浓度均为 0.5 mol/L 的盐酸、醋酸、氨水以及氢氧化钠和氯化钠溶液,分别倒入 5 个烧杯中,连接电源,注意观察灯泡的明亮程度。思考一下,为什么会出现这样的现象呢?

　　通过实验可知,与醋酸、氨水连接的灯泡比其他 3 个灯泡暗。可见,在相同条件(如相同浓度等)下,不同种类的酸、碱和盐溶液的导电性不一定相同。我们知道,电解质溶液之所以可以导电,是因为溶液中存在着自由移动的离子,溶液导电性的强弱是由单位体积内这些离子的数目决定的:数目越多,导电性越强;数目越少,导电性越弱。

　　在稀溶液中,NaCl、NaOH 和 HCl 全部解离生成相应的离子,而 $NH_3 \cdot H_2O$、CH_3COOH 只有部分解离成离子,还有部分以分子形式存在。所以,即使它们的浓度相同,导电能力也是不同的。

　　分别取适量浓度为 1 mol/L 的盐酸、醋酸,测定这两种酸的 pH,观察它们分别与镁条发生反应的现象,将测定结果和实验现象填入表 2-1 中。

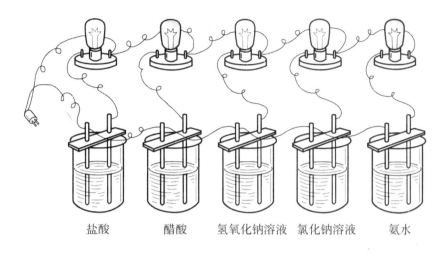

盐酸　　　醋酸　　　氢氧化钠溶液　　氯化钠溶液　　氨水

图 2-1　比较电解质溶液的导电能力

表 2-1　与镁条反应记录表

	1 mol/L 盐酸	1 mol/L 醋酸
溶液的 pH		
与镁条反应的现象		

实验表明,盐酸和醋酸的 pH 及它们与活泼金属反应的剧烈程度都有差别,说明两种溶液中的 H^+ 浓度不同。

- 相同浓度的盐酸和醋酸中,H^+ 的浓度却不相同,说明 HCl 和 CH_3COOH 的解离程度不同。
- HCl 在稀水溶液中全部解离生成 H^+ 和 Cl^-,如图 2-2 所示;CH_3COOH 在水溶液中只有部分解离生成 CH_3COO^- 和 H^+,如图 2-3 所示。

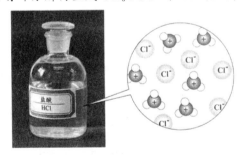
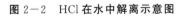

图 2-2　HCl 在水中解离示意图

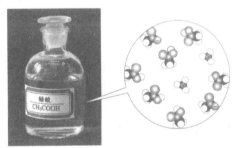

图 2-3　CH_3COOH 在水中解离示意图

所以,与醋酸相比,盐酸的酸性更强、pH 更小,与镁的反应更剧烈。

在溶液中,酸、碱和盐等电解质在水分子的作用下全部或部分地解离为带正电荷的阳离子和带负电荷的阴离子。根据电解质在水溶液中解离程度的大小,可以将它们分为强电解质和弱电解质。

1. 强电解质

在水溶液中能够全部解离的电解质称为强电解质。几乎所有的盐都属于强电解质,重要

的酸和碱中,盐酸、硫酸、氢氧化钠等都属于强电解质。盐酸、氢氧化钠和氯化钠的解离可以表示为:

$$HCl \rightleftharpoons\!\!\!\!= H^+ + Cl^-$$
$$NaOH \rightleftharpoons\!\!\!\!= Na^+ + OH^-$$
$$NaCl \rightleftharpoons\!\!\!\!= Na^+ + Cl^-$$

2. 弱电解质

在水溶液中只有部分解离的电解质称为弱电解质。在弱电解质溶液中既存在离子,同时也存在分子,且弱电解质的解离过程是可逆的。醋酸(CH_3COOH)、碳酸(H_2CO_3)、偏硅酸(H_2SiO_3)、氢硫酸(H_2S)、氨水($NH_3 \cdot H_2O$)等属于弱电解质。

二、弱电解质的解离

1. 弱电解质的解离

弱电解质的解离是可逆的,因此弱电解质溶液中存在着两种相反的趋势,即分子可以解离产生离子,离子又可以结合成分子。例如,$NH_3 \cdot H_2O$ 和 CH_3COOH 的解离可以表示为

$$NH_3 \cdot H_2O \rightleftharpoons NH_4^+ + OH^-$$
$$CH_3COOH \rightleftharpoons CH_3COO^- + H^+$$

在 CH_3COOH 溶液中,当 CH_3COOH 解离成 CH_3COO^- 和 H^+ 的速率,与 CH_3COO^- 和 H^+ 结合成 CH_3COOH 的速率相等时,溶液中 CH_3COOH、CH_3COO^- 和 H^+ 的浓度不再改变,体系处于平衡状态,如图 2—4 所示。

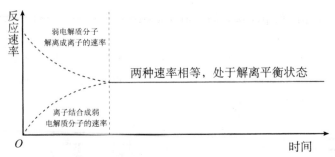

图 2—4　弱电解质解离过程中离子生成和结合成分子的速率随时间的变化

2. 弱电解质的解离平衡

在一定条件下,弱电解质解离成离子的速率与离子结合成分子的速率相等时的状态,称为弱电解质的解离平衡。

在小烧杯中加入适量 1 mol/L 氨水,滴一滴酚酞溶液,摇匀后分别倒入 2 支试管中。在其中一支加入少量氯化铵固体,振荡,观察 2 支试管中溶液颜色的变化。

与其他化学平衡一样,当受到外界条件的影响时,解离平衡会发生移动,并符合勒夏特列原理。

第二节　水的解离以及溶液的酸碱性

无色酚酞溶液在碱性溶液中呈现什么颜色?紫色石蕊溶液在酸性溶液中呈现什么颜色?

在化学实验中,常用酸碱指示剂检验溶液的酸碱性,用 pH 试纸测定溶液的酸碱度。溶液的酸碱性与 pH 的关系是怎样的呢?

一、水的解离

1. 水是一种弱电解质

精确的导电性实验表明,纯水大部分以 H_2O 分子形式存在,但其中也存在着极少量的 H_3O^+(水合氢离子)和 OH^-。这说明水是一种极弱的电解质,能发生微弱的解离,如图 2-5 所示

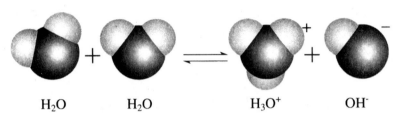

$$H_2O \qquad H_2O \qquad H_3O^+ \qquad OH^-$$

图 2-5 水分子解离过程示意图

上述解离方程式可简写为:

$$H_2O \rightleftharpoons H^+ + OH^-$$

2. 水的解离平衡

当达到平衡时,解离出的 H^+ 和 OH^- 的浓度之积是一个常数,记作 K_w。K_w 称为水的离子积常数,简称水的离子积。K_w 可由实验测得,也可通过理论计算求得。不同温度时,水的离子积常数不同。25℃时,水中的 H^+ 和 OH^- 浓度都是 1×10^{-7} mol/L,所以 25℃ 时 K_w 为 1×10^{-14}。

二、溶液的酸碱性和 pH 的应用

1. 溶液的酸碱性

水的离子积不仅适用于纯水,也适用于稀的电解质溶液。常温下,稀溶液中 $c(H^+) \cdot c(OH^-) = 1.00 \times 10^{-14}$,因此,知道了 $c(H^+)$ 和 $c(OH^-)$ 中的任一个量,就可以计算出另一个量并进行相应的比较。

在常温下,溶液的酸碱性与溶液中 $c(H^+)$ 和 $c(OH^-)$ 的关系列于表 2-2:

表 2-2 溶液的酸碱性与溶液中 $c(H^+)$ 和 $c(OH^-)$ 的关系

酸性溶液	$c(H^+) > c(OH^-)$,$c(H^+) > 1.0 \times 10^{-7}$ mol/L
中性溶液	$c(H^+) = c(OH^-) = 1.0 \times 10^{-7}$ mol/L
碱性溶液	$c(H^+) < c(OH^-)$,$c(H^+) < 1.0 \times 10^{-7}$ mol/L

可见,用 $c(H^+)$ 和 $c(OH^-)$ 可以表示溶液酸碱性的强弱。

许多化学反应都是在 H^+ 浓度较小的溶液中进行的,这时如用 H^+ 浓度的负对数(以符号 pH 代表)来表示溶液的酸碱性比较方便:$pH = -\lg c(H^+)$。例如:

$c(H^+) = 1.0 \times 10^{-7}$ mol/L 的中性溶液,$pH = -\lg 10^{-7} = 7$

$c(H^+) = 1.0 \times 10^{-5}$ mol/L 的酸性溶液,$pH = -\lg 10^{-5} = 5$

$c(H^+) = 1.0 \times 10^{-9}$ mol/L 的碱性溶液，pH$= -\lg 10^{-9} = 9$

因此，中性溶液 pH$=7$，酸性溶液 pH<7，碱性溶液 pH>7。

对 $c(H^+)$ 和 $c(OH^-)$ 小于 1 mol/L 的较稀溶液，用 pH 表示其酸碱度；对 $c(H^+)$ 和 $c(OH^-)$ 大于 1 mol/L 的溶解，则直接用 $c(H^+)$ 和 $c(OH)$ 表示。

 小锦囊

溶液的 pH 可以用 pH 试纸测定，也可以用 pH 计(也叫酸度计)来测定。

酸碱指示剂是一些有机弱酸或有机弱碱，它们在溶液中存在解离平衡，其分子与解离出的离子呈不同的颜色。pH 改变时，由于分子、离子含量的变化，会引起指示剂颜色的变化，从而起到指示溶液酸碱性的作用。例如，石蕊是一种有机弱酸，也是一种色素。如果以 HIn 表示石蕊分子，它在水溶液中的解离平衡和颜色变化是

$$HIn \underset{\text{红色(酸色)}}{\overset{}{\rightleftharpoons}} H^+ + \underset{\text{蓝色(碱色)}}{In^-}$$

在酸性溶液中，由于 $c(H^+)$ 增大，根据平衡移动原理可知，平衡将向逆反应方向移动，使 $c(HIn)$ 增大，因此主要呈现红色(酸色)；在碱性溶液中，由于 $c(OH^-)$ 增大，OH$^-$ 与 HIn 解离的 H$^+$ 结合成更难解离的 H_2O，使石蕊的解离平衡向正反应方向移动，于是 $c(In^-)$ 增大，因此主要呈现蓝色(碱色)。当 $c(H^+)$ 和 $c(In^-)$ 大致相等时，则呈现紫色。

指示剂的颜色变化是在一定 pH 范围内发生的，我们把指示剂发生颜色变化的 pH 范围叫做指示剂的变色范围。由实验测得的各种指示剂的变色范围见表 2-3。

表 2-3　几种常用指示剂的变色范围

指示剂	变色范围/pH	酸色	碱色
甲基橙	3.1~4.4	红色(pH$<$3.1)	黄色(pH$>$4.4)
石蕊	5.0~8.0	红色(pH$<$5.0)	蓝色(pH$>$8.0)
酚酞	8.2~10.0	无色(pH$<$8.2)	红色(pH$>$10.0)

2.pH 试纸的应用

pH 试纸是将试纸用多种酸碱指示剂的混合溶液浸透，经晾干制成的。它对一定 pH 的溶液能显示确定的颜色，经与标准色卡比色，可迅速判断溶液的 pH。常用的 pH 试纸有广泛 pH 试纸和精密 pH 试纸。广泛 pH 试纸的 pH 范围是 1~14(最常用)或 0~10，可以识别约为 1 的 pH 变化；精密 pH 试纸的 pH 范围较窄，可以判别 0.2 或 0.3 的 pH 变化。此外，还有用于酸性、中性或碱性溶液的专用 pH 试纸。

 试一试

一些植物花瓣或果实中含有的色素在酸性溶液或碱性溶液中会呈现出不同的颜色，用它们的汁液可以制成指示剂。请按照下面的要求试一试。

①制取紫甘蓝浸出液。

•取 1/2 茶杯已切碎的紫甘蓝叶放入一玻璃容器中，向其中加入 1/2 茶杯的热水。用汤勺搅拌、捣烂紫甘蓝叶，直到溶液出现明显的紫色。

•在另一洁净玻璃容器口罩上一层纱布，通过纱布过滤上述混合物，得到紫甘蓝的浸出

液。

②将上述浸出液分别滴入白醋、食用碱溶液中,观察并记录颜色的变化。

③也可用月季花、牵牛花、胡萝卜等代替紫甘蓝重复进行上面的实验。

④你认为哪一种自制指示剂效果最好?请与同学们进行交流。

三、pH 的广泛应用

1.pH 在工农业和科学实验中的应用

工农业生产和科学实验中常常涉及溶液的酸碱性,人们的生活和健康也与溶液的酸碱性有关。因此,测试和调控溶液的 pH,对工农业生产、科学研究,以及日常生活和医疗保健都具有重要意义,如图 2—6 所示。

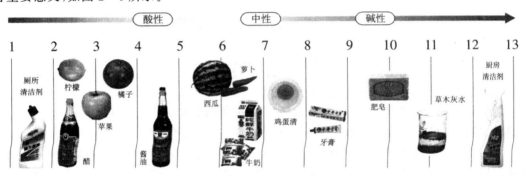

图 2—6　身边一些物质的 pH

人体各种体液都要保持在一定的 pH 范围内,以保证正常的生理活动。例如,正常人体血液的 pH 总是维持在 7.35～7.45。当体内的酸碱平衡失调时,血液的 pH 是诊断疾病的一个重要参数,利用药物调控 pH 是辅助治疗的重要手段之一。

2.pH 在生活中的应用

生活中,人们洗发时使用的护发素,其主要功能也是调节 pH,使头发处于适宜的酸碱环境。

3.pH 在环保领域的应用

在环保领域,酸性或碱性废水的处理常常利用中和反应,如酸性废水可通过投加碱性废渣或通过碱性滤料层过滤使之中和;碱性废水可通过投加酸性废水或利用烟道气中和。在中和处理的过程中可用 pH 自动测定仪进行监测。

4.pH 在种植业的应用

在种植业生产中,因土壤的 pH 影响到植物对不同形态养分的吸收和养分的有效性,所以各种作物都有适宜生长的 pH 范围(见表 2—4)。

表 2—4　一些重要作物最适宜生长的土壤的 pH 范围

作物	pH 范围	作物	pH 范围
玉米	6～7	苹果	5～6.5
小麦	6.3～7.5	薄荷	7～8
水稻	6～7	生菜	6～7

作物	pH 范围	作物	pH 范围
大豆	6～7	香蕉	5.5～7
马铃薯	4.8～5.5	玫瑰	6～7
棉花	6～8	水仙花	6～6.5
油菜	6～7	草莓	5～7.5
洋葱	6～7	烟草	5～6

由鲜花引出的发现

一束普通的鲜花,一次偶然的机会,一种酸碱指示剂被发现了。

英国科学家波义耳(R. Boyle)在一次实验中不慎将盐酸溅落在紫罗兰花瓣上,他惊奇地发现紫色的花瓣变红了。盐酸能使紫罗兰花瓣变红,其他的酸能使它变红吗?碱溶液能使它变色吗?别的花是否有类似的变化?经过一系列的思考与实验,波义耳发现许多种植物花瓣的浸出液都有遇到酸、碱改变颜色的性质。其中,变色效果最明显的要数地衣类植物——石蕊的紫色浸出液,它遇酸变红,遇碱变蓝,在中性溶液中不变色。这就是最早使用而且沿用至今的酸碱指示剂——石蕊溶液。

酸碱指示剂是偶然被人们发现的。对那些善于观察、勤于思考、勇于探索的人,却能实现认识上由偶然向必然的飞跃,从而有所发现,有所创造。

第三节　盐类的水解

制作面点用的纯碱(Na_2CO_3)溶液显碱性,所以也称它为"碱"。从化学组成上说它属于盐类,由此看来,并不是所有盐的溶液都呈中性。

一、盐溶液的酸碱性

- 选择合适的方法测试表2—5所列盐溶液的酸碱性并填表(填"酸性""碱性"或"中性")。
- 按照形成盐的酸、碱的强弱,将表中所列的盐分类并填表(填"强酸强碱盐""强酸弱碱盐"或"强碱弱酸盐")。
- 根据测试结果和分类情况,总结盐溶液的酸碱性与盐的类型之间的关系。

表2—5　盐溶液酸碱性测定

盐	NaCl	Na_2SO_4	NH_4Cl	$NaHCO_3$	Na_2CO_3	CH_3COONa
溶液的酸碱性						
盐的类型						

通过实验可以知道，一些盐的溶液呈中性（如强酸强碱形成的盐），另一些盐的溶液并不呈中性，而是呈酸性（如强酸弱碱形成的盐）或碱性（如强碱弱酸形成的盐）。正是因为碳酸钠溶液呈碱性，可用它中和面团发酵时产生的酸，也可用来清除油污。由强、弱不同的酸、碱所形成的盐，其水溶液有的呈中性，有的呈碱性，还有的呈酸性。

二、盐类的水解

1. 溶液呈酸碱性的差异

溶液呈酸碱性取决于溶液中 $c(H^+)$ 和 $c(OH^-)$ 的相对大小。那么，是什么原因造成不同盐溶液中 $c(H^+)$ 和 $c(OH^-)$ 的差异呢？我们以 NH_4Cl 溶液为例做一些分析。

纯水中存在着下列解离平衡：

$$H_2O \Longrightarrow H^+ + OH^-$$

当加入固体 NH_4Cl 后，强电解质 NH_4Cl 会全部解离成 NH_4^+ 和 Cl^-，其中，NH_4^+ 与水解离出的 OH^- 又可与 NH_4^+ 作用生成弱电解质 $NH_3 \cdot H_2O$，使 H_2O 的解离平衡向生成 H^+ 和 OH^- 的方向移动，当达到新的平衡时，溶液中 $c(H^+)$ 和 $c(OH^-)$ 相对大小发生了变化，由原来的 $c(H^+) = c(OH^-)$，变成了 $c(H^+) > c(OH^-)$，因此 NH_4Cl 溶液呈酸性。

$$H_2O \Longrightarrow H^+ + OH^-$$
$$+$$
$$NH_4^+ \Longrightarrow NH_3 \cdot H_2O$$

上述过程可以表示为

$$NH_4Cl + H_2O \Longrightarrow NH_3 \cdot H_2O + HCl$$

或

$$NH_4^+ + H_2O \Longrightarrow NH_3 \cdot H_2O + H^+$$

同样的道理，在强碱弱酸盐 CH_3COONa 溶液中，共存的粒子有 CH_3COO^-、H^+、OH^-、Na^+、CH_3COOH 和 H_2O，这 6 种粒子并存的解离平衡关系有：

$$H_2O \Longrightarrow OH^- + H^+$$
$$+$$
$$CH_3COO^- \Longrightarrow CH_3COOH$$

上述过程可以表示为

$$CH_3COONa + H_2O \Longrightarrow CH_3COOH + NaOH$$

或

$$CH_3COO^- + H_2O \Longrightarrow CH_3COOH + OH^-$$

因此溶液中 $c(OH^-) > c(H^+)$，因而 CH_3COONa 溶液呈碱性。

2. 盐类水解

强酸弱碱盐（如 NH_4Cl）溶于水时，它解离产生的阳离子（如 NH_4^+）可与水解离产生的 OH^- 结合生成弱碱（如 $NH_3 \cdot H_2O$），使得溶液中 $c(H^+) > c(OH^-)$，因而这类盐溶液呈现酸性；强碱弱酸盐（如 CH_3COONa）溶于水时，它们解离产生的阴离子（如 CH_3COO^-）可与水解离产生的 H^+ 生成弱酸（如 CH_3COOH），使得溶液中 $c(OH^-) > c(H^+)$，因而这类盐溶液呈现碱性。

这种在溶液中盐解离出来的离子与水所解离出来的 OH^- 或 H^+ 结合生成弱电解质的反应，叫做盐类的水解。

强酸强碱盐溶于水,电离出的阴、阳离子都不能与水解离出的 H^+ 或 OH^- 生成弱电解质,溶液中 $c(H^+)=c(OH^-)$,呈中性,也就是说强酸强碱盐不发生水解。

盐类水解在生产和生活中常被人们利用。例如,有些盐(碱金属与部分碱土金属除外)在水解时,可生成难溶于水的氢氧化物,当生成的氢氧化物呈胶体状态且无毒时,可用做净水剂,例如铝盐、铁盐。

盐类水解的程度取决于盐本身的组成和性质。与化学平衡和解离平衡一样,盐类水解也受浓度、温度等外界因素的影响。例如,水解反应是中和反应的逆反应,中和反应是放热反应,因而水解反应是吸热反应,升高温度,可以增大水解进行的程度。在生产和生活中,常根据需要通过改变溶液温度或溶液中相关物质的浓度来调节盐的水解程度。例如,用 $TiCl_4$ 制备 TiO_2 的反应可表示如下:

$$TiCl_4+(x+2)H_2O(过量)\Longrightarrow TiO_2 \cdot xH_2O\downarrow +4HCl$$

制备时加入大量的水,同时加热,可促进水解趋于完全,所得 $TiO_2 \cdot xH_2O$ 经焙烧得 TiO_2。

每章一练

一、填空题

1. 写出下列物质在水中的解离方程式。

(1)氢氧化钠 _____;

(2)醋酸 _____;

(3)碳酸钠 _____;

(4)氨水 _____。

2. 将下列酸、碱按其强弱分类并填表。

盐酸(HCl)、硫酸(H_2SO_4)、氢氧化钠(NaOH)、石灰水〔$Ca(OH)_2$〕、醋酸(CH_3COOH)、碳酸(H_2CO_3)、氢硫酸(H_2S)、氨水($NH_3 \cdot H_2O$)

强酸			
弱酸			
强碱			
弱碱			

3. 在溶液的导电性实验中,连接盛有醋酸、氨水烧杯的灯泡亮度较暗。如果将醋酸、氨水混合后进行实验,灯光却十分明亮,为什么?

4. 测试一些家中用品的 pH 并记录在下表中(可酌情增减、更换,操作时要注意安全)。

被测物	醋	酱油	酒	洗涤灵	84 消毒液	洗发液	洁厕剂	洗衣液	衣物柔顺剂
pH									

5. 含有 Na_2CO_3 的盐碱地不利于作物生长。用化学方程式表示盐碱地产生碱性的原因:

_____;通过施加适量石膏($CaSO_4 \cdot 2H_2O$)可以降低土壤的碱性。用化学方程式表示石膏降低土壤碱性的原因:_____。

二、选择题

柠檬水溶液的 pH 是 3,其中的 $c(OH^-)$ 是(　　　)。

A. 1×10^{-3} mol/L　　　　　B. 0.1 mol/L

C. 1.0×10^{-7} mol/L　　　　D. 1.0×10^{-11} mol/L

三、简答题

1. 酸性溶液中是否有 OH^- 存在? 碱性溶液中是否有 H^+ 存在? 试解释原因。

2. 用纯碱清洗油污时,加热纯碱溶液可以增强去污效果,试分析原因并在厨房里动手试一试。

3. 用 pH 试纸测定厨房中食盐、味精(谷氨酸的钠盐,$C_5H_8O_4Na$)、淀粉〔$(C_6H_{10}O_5)_n$〕、苏打(Na_2CO_3)、小苏打($NaHCO_3$)溶液的 pH。

4. 在一些地方人们用明矾〔$KAl(SO_4)_2 \cdot 12H_2O$〕净水。方法是将明矾粉末撒入水中,充分搅拌。过一段时间后,可以观察到水变得澄清了,而在水的下层或底部会出现絮状的沉淀。明矾净水的过程,与它跟水作用后产生 $Al(OH)_3$ 胶体并发生吸附、聚沉作用有关。为什么明矾与水作用会产生 $Al(OH)_3$ 呢? 用离子方程式表示其中的原因。

5. 草木灰是一种钾肥,它含有 K_2CO_3。试说明为什么草木灰不宜与用做氮肥的铵盐(如 NH_4Cl)混合使用。

物质的量

在初中化学和前面的两章中,我们了解物质之间所发生的化学反应,是由肉眼不能看到的原子、离子或分子之间按一定的数目关系进行的,因此也是以可计量的物质之间按一定的质量关系进行的。在实验室里做化学实验时所取用的药品,都是可以用称量器具称量的。在化工生产中,物质的用量就更大了,常以吨计。因此,在原子、离子、分子与可计量的物质之间一定存在着某种联系。科学上采用"物质的量(amount of substance)"这个物理量把一定数目的原子、分子或离子等微观粒子与可计量的物质联系起来。

教学目标

1. 掌握物质的量相关概念。
2. 理解并理解气体的摩尔体积。
3. 熟悉并掌握物质的量浓度的概念及相关计算。

第一节　物质的量的基本概念

一、摩尔

1. 摩尔

物质的量表示含有一定数目粒子的集体,符号为 n。如果在一定量的粒子集体中所含有的粒子数与 $0.012\ kg\ ^{12}C$ 中所含有的碳原子数相同,我们就说它为 1 摩尔。摩尔简称摩,符号为 mol。科学实验表明,在 $0.012\ kg\ ^{12}C$ 中所含有的碳原子数约为 6.02×10^{23}。

例如,1 mol O 中约含有 6.02×10^{23} 个 O;

1 mol H^+ 中约含有 6.02×10^{23} 个 H^+;

1 mol H_2O 中约含有 6.02×10^{23} 个 H_2O。

在日常生活、生产和科学研究中,人们常常根据需要使用不同的计量单位。例如,用千米、米、厘米、毫米等来计量长度;用年、月、日、时、分、秒等来计量时间;用千克、克、毫克等来计量质量。1971 年,在第一十四届国际计量大会上决定用摩尔(mole)作为计量原子、分子或离子等微观粒子数目的"物质的量"的单位。

2. 阿伏伽德罗常数

1 mol 任何粒子的粒子数叫做阿伏伽德罗常数。阿伏伽德罗常数的符号为 N_A,通常使用 $6.02 \times 10^{23} mol^{-1}$ 这个近似值。

物质的量、阿伏伽德罗常数与粒子数(符号为 N)之间存在着下述关系:

$$n = \frac{N}{N_A}$$

从这个式子可以看出,物质的量是粒子数与阿伏伽德罗常数之比,即某一粒子集体的物质的量就是这个粒子集体中的粒子数与阿伏伽德罗常数之比。例如,3.01×10^{23} 个 N_2 的物质的量为 0.5 mol。

国际单位制的 7 个基本单位见表 3-1。

表 3-1 国际单位制(SI)的 7 个基本单位

物理量	单位名称	单位符号
长度	米	m
质量	千克	kg
时间	秒	s
电流	安[培]	A
热力学温度	开[尔文]	K
物质的量	摩[尔]	mol
发光强度	坎[德拉]	cd

上述粒子既可以是分子、原子、离子、电子,也可以是它们的特定组合。我们在使用物质的量时,应该用化学式指明粒子的种类,如 0.1 mol H_2、2 mol Na^+ 等。

二、摩尔质量

1 mol 不同粒子的数目虽然相同,但由于不同粒子的质量不同,因此,1 mol 不同粒子的质量也不同。

由于 1 mol ^{12}C 的质量是 0.012 kg,即 6.02×10^{23} 个 ^{12}C 的质量是 0.012 kg,因此,利用 1 mol 任何粒子集体中都含有相同数目的粒子这个关系,可以推知 1 mol 任何粒子的质量。例如,1 个 ^{12}C 与 1 个 H 的质量比约为 12 : 1,而 1 mol ^{12}C 的质量是 12 g,因此,1 mol H 的质量就是 1 g。

同样地,可以推知:1 mol O 的质量为 16 g,1 mol Na 的质量为 23 g,1 mol O_2 的质量为 32 g,1 mol NaCl 的质量为 58.5 g 等。

对于离子来说,由于电子的质量很小,当原子得到或失去电子变成离子时,电子的质量可略去不计。因此,1 mol Na^+ 的质量为 23 g,1 mol Cl^- 的质量为 35.5 g,1 mol SO_4^{2-} 的质量为 96 g。

通过上述分析可知,1 mol 任何粒子或物质的质量以克为单位时,在数值上都与该粒子的相对原子质量或相对分子质量相等。我们将单位物质的量的物质所具有的质量叫做摩尔质量(molar mass)。也就是说,物质的摩尔质量是该物质的质量与该物质的物质的量之比。摩尔质量的符号为 M,常用的单位为 g/mol(或 g·mol^{-1})。

例如,Na 的摩尔质量为 23 g/mol;

SO_4^{2-} 的摩尔质量为 96 g/mol；

NaCl 的摩尔质量为 58.5 g/mol。

同种物质的物质的量(n)、质量(m)和摩尔质量(M)之间存在着下述关系：

$$M=\frac{m}{n}$$

当知道了上述关系式中的任意两个量时，就可以求出另一个量。

【例 3－1】 24.5 g H_2SO_4 的物质的量是多少？

【分析】 可以通过 H_2SO_4 的相对分子质量得知 H_2SO_4 的摩尔质量，然后利用关系式

$$n=\frac{m}{M}$$

计算出 24.5 g H_2SO_4 的物质的量。

【解】 H_2SO_4 的相对分子质量为 98，摩尔质量为 98 g·mol^{-1}，则

$$n(H_2SO_4)=\frac{m(H_2SO_4)}{M(H_2SO_4)}$$

$$=\frac{24.5\ g}{98\ g\cdot mol^{-1}}$$

$$=0.25\ mol$$

答：24.5 g H_2SO_4 的物质的量为 0.25 mol。

【例 3－2】 71 g Na_2SO_4 中含有 Na^+ 和 SO_4^{2-} 的物质的量各是多少？

【分析】 Na_2SO_4 的解离方程式为

$$Na_2SO_4=2Na^++SO_4^{2-}$$

从 Na_2SO_4 的解离方程式中可以看出，1 mol Na_2SO_4 可以解离出 2 mol Na^+ 和 1 mol SO_4^{2-}。

可以利用

$$n=\frac{m}{M}$$

的关系，首先计算出 71 g Na_2SO_4 的物质的量，然后再计算出 Na^+ 和 SO_4^{2-} 的物质的量，则

【解】 Na_2SO_4 的相对分子质量为 142，摩尔质量为 142 g·mol^{-1}。

$$n(Na_2SO_4)=\frac{m(Na_2SO_4)}{M(Na_2SO_4)}$$

$$=\frac{71g}{142\ g\cdot mol^{-1}}$$

$$=0.5\ mol$$

则 Na^+ 的物质的量为 1 mol，SO_4^{2-} 的物质的量为 0.5 mol。

答：71 g Na_2SO_4 中含有 Na^+ 的物质的量为 1 mol，SO_4^{2-} 的物质的量为 0.5 mol。

第二节 气体摩尔体积的基本知识

一、气体摩尔体积

1. 气体摩尔体积(molar volume of gas)

生活经验告诉我们，气体比固体和液体更容易被压缩。这说明气体分子之间的距离要比

固体和液体中的粒子之间的距离大得多(如图 3—1)。在气体中,分子之间的距离要比分子本身的体积大很多倍,分子可以在较大的空间内运动。在通常状况下,相同质量的气态物质的体积要比它在固态或液态时的体积大 1 000 倍左右。

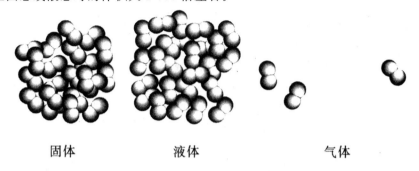

固体   液体   气体

图 3—1   固体、液体、气体分子之间距离比较示意图

通常情况下,气体分子的直径约为 0.4 nm,而分子之间的距离则约为 4 nm,即分子之间的距离约是分子直径的 10 倍。因此,当分子数目相同时,气体体积的大小主要决定于气体分子之间的距离,而不是分子本身体积的大小。

气体的体积与温度、压强等外界条件的关系非常密切。一定质量的气体,当温度升高时,气体分子之间的距离增大,当温度降低时,气体分子之间的距离缩小;当压强增大时,气体分子之间的距离减小,当压强减小时,气体分子之间的距离增大。所以,要比较一定质量气体的体积,就必须要在相同的温度和压强下进行才有意义。

通常将温度为 0 ℃、压强为 101 kPa 时的状况称为标准状况。

在标准状况时,氢气、氧气、二氧化碳的密度分别为 0.089 9 g/L、1.429 g/L、1.977 g/L。1 mol 这三种气体在标准状况时的体积各为多少?

在标准状况时,1 mol H_2 的质量为 2.016 g,密度为 0.089 9 g/L,体积约为

$$V(H_2) = \frac{m(H_2)}{\rho(H_2)}$$
$$= \frac{2.016 \text{ g}}{0.089 \text{ 9 g} \cdot L^{-1}}$$
$$= 22.4 \text{ L}$$

通过同样的方法,还可以计算出:

1 mol O_2 的体积约为 22.4 L;

1 mol CO_2 的体积约为 22.3 L。

通过计算可以得出,在标准状况下,1 mol H_2、O_2、CO_2 的体积大致是相同的,都约为 22.4 L。不仅仅这三种气体在标准状况时的体积都约为 22.4 L,大量的科学实验表明,其他气体也是如此。由此可以得出一个结论:在标准状况下,1 mol 任何气体所占的体积都约为 22.4 L。

单位物质的量气体所占的体积叫做气体摩尔体积(molar volume of gas),气体摩尔体积的符号为 V_m,即

$$V_m = \frac{V}{n}$$

气体摩尔体积的常用单位有 L/mol 和 m³/mol。

知识库

在物理课中,我们学过物质的体积、密度、质量之间的关系。通过本章第一节知识的学习,又可以根据物质的相对原子质量或相对分子质量,知道 1 mol 物质的质量,如果此时再知道物质的密度,就可以计算出 1 mol 物质的体积。

例如,在 20 ℃时,1 mol Fe 的质量为 56 g,密度为 7.8 g/cm³,则体积为

$$V(Fe) = \frac{m(Fe)}{\rho(Fe)}$$
$$= \frac{56g}{7.8 \text{ g} \cdot \text{cm}^{-3}}$$
$$= 7.2 \text{ cm}^3$$

通过同样的方法可以计算出:

1 mol Al 的体积为 10 cm³;

1 mol Pb 的体积为 18.3 cm³;

1 mol H_2O 的体积为 18 cm³;

1 mol H_2SO_4 的体积为 53.6 cm³。

通过计算可以看出:对于固态物质或液态物质来说,1 mol 不同物质的体积是不相同的。这是为什么呢?

物质体积的大小取决于构成这种物质的粒子数目、粒子的大小和粒子之间的距离这三个因素。由于在 1 mol 任何物质中的粒子数目都是相同的,都约是 6.02×10^{23} 个。因此,在粒子数目相同的情况下,物质体积的大小就主要取决于构成物质的粒子的大小和粒子之间的距离。当粒子之间的距离很小时,物质的体积就主要决定于构成物质的粒子的大小;而当粒子之间的距离比较大时,物质的体积就主要决定于粒子之间的距离。

在 1 mol 不同的固态物质或液态物质中,虽然含有相同的粒子数,但粒子的大小是不相同的。同时,在固态物质或液态物质中粒子之间的距离又是非常小的,这就使得固态物质或液态物质的体积主要决定于粒子的大小了。所以,1 mol 不同的固态物质或液态物质的体积是不相同的。

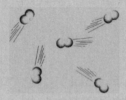

图 3-2　气体分子的运动和分子间距离的示意图

2. 特定条件下的气体摩尔体积

在标准状况下,气体的摩尔体积约为 22.4 L/mol,因此,可以认为 22.4 L/mol 是在特定条件下的气体摩尔体积。

因为不同气体在一定的温度和压强下,分子之间的距离可以看做是相等的。因此,在一定的温度和压强下气体体积的大小只随分子数目的多少而发生变化。由于 1 mol 任何气体的体积在标准状况下都约为 22.4 L,因此,在标准状况下,22.4 L 任何气体中都含有约 6.02×10^{23}

个分子。也就是在相同的温度和压强下,相同体积的任何气体都含有相同数目的分子,这个结论已被大量的实验所证实。图3-3为标准状况时的气体摩尔体积示意图。

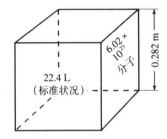

图3-3 标准状况时的气体摩尔体积示意图

1 mol $H_2O(l)$ 的体积为 18 mL。当将水加热到 100 ℃时,液态水汽化为水蒸气。在 101 kPa 和 100℃时,1 mol $H_2O(g)$ 的体积约为 $3.06×10^4$ mL。由此可以得出这样一个结论:在 101 kPa 和 100℃时,1 mol $H_2O(g)$ 的体积比通常状况时 1 mol $H_2O(l)$ 的体积增大了约 1 700 倍。

二、关于气体摩尔体积的计算

在标准状况下,气体的物质的量与气体摩尔体积的关系为

$$n=\frac{V}{V_m}=\frac{V}{22.4 \text{ L} \cdot \text{mol}^{-1}}$$

通过这一关系,可以计算标准状况下气体的体积。

【例3-3】 在标准状况下,2.2 g CO_2 的体积是多少?

【分析】 在标准状况下,1 mol 任何气体的体积都约为 22.4 L。因此,只要知道 2.2 g CO_2 的物质的量,就可以通过标准状况下的气体摩尔体积计算出 2.2 g CO_2 在标准状况时的体积。

【解】

$$n(CO_2)=\frac{m(CO_2)}{M(CO_2)}$$

$$=\frac{2.2 \text{ g}}{44 \text{ g} \cdot \text{mol}^{-1}}$$

$$=0.050 \text{ mol}$$

0.050 mol CO_2 在标准状况下的体积为

$$V(CO_2)=n(CO_2) \cdot V_m$$

$$=0.050 \text{ mol}×22.4 \text{ L/mol}$$

$$=1.12 \text{ L}$$

答:在标准状况下,2.2 g CO_2 的体积为 1.12 L。

【例3-4】 在标准状况下,测得 1.92 g 某气体的体积为 672 mL。计算此气体的相对分子质量。

【分析】 物质的相对分子质量与该物质的摩尔质量在数值上是相等的,因此,要求某物质的相对分子质量,首先就要计算出该物质的摩尔质量。

按照题目中所给的条件,可以首先根据在标准状况下气体的体积和质量,计算出气体的密度:

$$\rho=\frac{m}{V}$$

然后利用标准状况下气体摩尔体积与密度的关系,计算出该气体的摩尔质量:

$$M=\rho \cdot 22.4 \text{ L/mol}$$

【解】　在标准状况下,该气体的密度为

$$\rho=\frac{m}{V}$$

$$=\frac{1.92 \text{ g}}{0.672 \text{ L}}$$

$$=2.86 \text{ g/L}$$

该气体的摩尔质量为

$$M=\rho \cdot 22.4 \text{ L/mol}$$

$$=2.86 \text{ g/L}\times 22.4 \text{ L/mol}$$

$$=64.1 \text{ g/mol}$$

答:此气体的相对分子质量为64.1。

第三节　物质的量浓度

一、物质的量浓度

1. 物质的量浓度

以单位体积溶液里所含溶质 B 的物质的量来表示溶液组成的物理量,叫做溶质 B 的物质的量浓度(amount of substance concentration of B)。物质的量浓度的符号为 c_B,常用的单位为 mol/L 或 mol/m³。

2. 物质的量、溶液体积与物质的量浓度的关系

在一定物质的量浓度的溶液中,溶质 B 的物质的量(n_B)、溶液的体积(V)和溶质的物质的量浓度(c_B)之间的关系可以用下面的式子表示:

$$c_B=\frac{n_B}{V}$$

按照物质的量浓度的定义,如果在 1 L 溶液中含有 1 mol 的溶质,这种溶液中溶质的物质的量浓度就是 1 mol/L。例如,NaOH 的摩尔质量为 40 g/mol,在 1 L 溶液中含有 20 g NaOH,溶液中 NaOH 的物质的量浓度就是 0.5 mol/L;在 1 L 溶液中含有 40 g NaOH,溶液中 NaOH 的物质的量浓度就是 1 mol/L;在 1 L 溶液中含有 80 g NaOH,溶液中 NaOH 的物质的量浓度就是 2 mol/L。

在生产和科学实验中经常要使用溶液,为了表明溶液中溶质和溶剂之间的量的关系,需要使用表示溶液组成的物理量。溶液中溶质的质量分数(w)就是这样一种物理量,它是以溶质的质量和溶液的质量之比来表示溶液中溶质与溶液的质量关系的。但是,在许多场合取用溶液时,一般不是去称量它的质量,而是要量取它的体积。同时,物质在发生化学反应

时,反应物的物质的量之间存在着一定的关系,而且化学反应中各物质之间的物质的量的关系要比它们之间的质量关系简单得多。所以,知道一定体积的溶液中含有溶质的物质的量,对于生产和科学实验都是非常重要的,同时对于有溶液参加的化学反应中各物质之间的量的计算也是非常便利的。

二、一定物质的量浓度溶液的配制

用固体药品配制一定物质的量浓度的溶液,主要是使用天平和一种容积精确的仪器——容量瓶。容量瓶有各种不同规格,常用的有 100 mL、250 mL、500 mL 和 1 000 mL 等几种,如图 3—4 所示。

图 3—4 几种常用规格的容量瓶

在用固体药品配制溶液时:

- 需要根据所配制的溶液的物质的量浓度和体积,计算出所需溶质的质量。
- 根据所要配制的溶液的体积,选用合适的容量瓶。

【实验 3—1】 配制 500 mL 0.1 mol/L Na_2CO_3 溶液。

根据计算得知,配制 500 mL 0.1 mol/L Na_2CO_3 溶液,需要无水 Na_2CO_3 固体的质量为 5.3 g。

用天平称量 5.3 g 无水 Na_2CO_3 固体。

将无水 Na_2CO_3 固体放入烧杯中,用适量的蒸馏水溶解后,冷却至室温。

图 3—5 向容量瓶中转移溶液

将烧杯中的溶液沿玻璃棒小心地注入 500 mL 的容量瓶中(注意:不要让溶液洒在容量瓶外,也不要让溶液在刻度线上面沿瓶壁流下),如图 3—5 所示。用蒸馏水洗涤烧杯内壁 2～3次,并将每次洗涤后的溶液都注入容量瓶中。轻轻振荡容量瓶,使溶液充分混合。

然后,缓缓地将蒸馏水注入容量瓶内,直到容量瓶中的液面接近容量瓶刻度 1 cm～2 cm处时,改用胶头滴管滴加蒸馏水至溶液的凹液面正好与刻度线相切。这时,将容量瓶用瓶塞盖好,反复上下颠倒,摇匀。

这样,配制出的溶液就是 500 mL 0.1 mol/L Na_2CO_3 溶液。整个配制过程如图 3－6 所示。

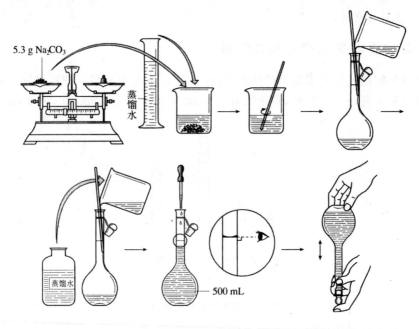

图 3－6 配制 500 mL 0.1 mol/L Na_2CO_3 溶液过程示意图

在实验室中配制溶液所用的溶质,不仅仅是固体物质,还常常用浓溶液来配制所需的稀溶液。

初中时,我们学习稀释溶质质量分数一定的溶液时指出:不论将浓溶液如何稀释,溶液中溶质的量总是不变的。对于稀释一定物质的量浓度的溶液来说,也是一样的。

在稀释浓溶液时,溶液的体积发生了变化,但溶液中溶质的物质的量不变,即在浓溶液稀释前后,溶液中溶质的物质的量相等。

为什么在浓溶液稀释前后,溶液中溶质的物质的量相等?

在用浓溶液配制稀溶液时,常用下面的式子计算有关的量:

$$c(浓溶液)\cdot V(浓溶液)＝c(稀溶液)\cdot V(稀溶液)$$

三、关于物质的量浓度的计算

1. 关于物质的量浓度概念的计算

这类计算主要包括已知溶质的质量和溶液的体积,计算溶液中溶质的物质的量浓度;配制一定物质的量浓度溶液时所需溶质的质量和溶液体积的计算等。

进行这类化学计算时,我们经常要用到下式:

$$c_B=\frac{n_B}{V}$$

【例 3－5】 将 23.4 g NaCl 溶于水中,配成 250 mL 溶液。计算所得溶液中溶质的物质的量浓度。

【分析】 物质的量浓度就是单位体积溶液里所含溶质的物质的量。因此,本题可以根据物质的量浓度的概念以及溶质的质量、物质的量和摩尔质量的关系进行计算。

【解】 23.4 g NaCl 的物质的量为

$$n(NaCl)=\frac{m(NaCl)}{M(NaCl)}$$

$$=\frac{23.4\ g}{58.5\ g\cdot mol^{-1}}$$

$$=0.4\ mol$$

所得溶液中 NaCl 的物质的量浓度为

$$c(NaCl)=\frac{n(NaCl)}{V[NaCl(aq)]}$$

$$=\frac{0.4mol}{0.25\ L}$$

$$=1.6\ mol/L$$

答:将 23.4 g NaCl 溶于水中,配成的 250 mL 溶液中 NaCl 的物质的量浓度为 1.6 mol/L。

2. 溶液中溶质的质量分数与溶质的物质的量浓度的换算

· 溶质的质量分数和物质的量浓度都可以用来表示溶液的组成,二者之间可以通过一定的关系进行换算。

· 将溶液中溶质的质量分数换算成物质的量浓度时,首先要计算出 1 L 溶液中所含溶质的质量,并换算成相应的物质的量,有时还需要将溶液的质量换算成溶液的体积,最后再计算出溶质的物质的量浓度。

· 将溶质的物质的量浓度换算成溶质的质量分数时,首先要将溶质的物质的量换算成溶质的质量,有时还需要将溶液的体积换算为质量,进而计算出溶液中溶质的质量分数。

【例 3-6】 某市售浓硫酸中溶质的质量分数为 98%,密度为 1.84 g/cm³。计算该市售浓硫酸中 H_2SO_4 的物质的量浓度。

【分析】 根据题意可以计算出 1 000 mL 浓硫酸中 H_2SO_4 的质量,然后将质量换算成物质的量。

【解】 1 000 mL 浓硫酸中 H_2SO_4 的质量为

$$m(H_2SO_4)=\rho[H_2SO_4(aq)]\cdot V[H_2SO_4(aq)]\cdot w(H_2SO_4)$$

$$=1.84\ g/cm^3\times1\ 000\ cm^3\times98\%$$

$$=1\ 803\ g$$

1 803 g H_2SO_4 的物质的量为

$$n(H_2SO_4)=\frac{m(H_2SO_4)}{M(H_2SO_4)}$$

$$=\frac{1\ 803\ g}{98\ g\cdot mol^{-1}}$$

$$=18.4\ mol$$

因为 1 000 mL 浓硫酸中含 18.4 mol H_2SO_4,所以,市售浓硫酸中 H_2SO_4 的物质的量浓度为 18.4 mol/L。

答:该市售浓硫酸中 H_2SO_4 的物质的量浓度为 18.4 mol/L。

【例3-7】 已知 75 mL 2 mol/L NaOH 溶液的质量为 80 g。计算溶液中溶质的质量分数。

【分析】 根据题意可以先计算出溶液中溶质的物质的量,然后将物质的量换算成质量,最后计算出溶液中溶质的质量分数。

【解】75 mL 2 mol/L NaOH 溶液中 NaOH 的物质的量为

$$n(NaOH)=c(NaOH) \cdot V[NaOH(aq)]$$
$$=2 \text{ mol/L} \times 0.075 \text{ L}$$
$$=0.15 \text{ mol}$$

0.15 mol NaOH 的质量为

$$m(NaOH)=n(NaOH) \cdot M(NaOH)$$
$$=0.15 \text{ mol/L} \times 40 \text{ g/mol}$$
$$=6 \text{ g}$$

75 mL 2 mol/L NaOH 溶液中溶质的质量分数为

$$w(NaOH)=\frac{m(NaOH)}{m[NaOH(aq)]} \times 100\%$$
$$=\frac{6 \text{ g}}{80 \text{ g}} \times 100\%$$
$$=7.5\%$$

答:溶液中 NaOH 的质量分数为 7.5%。

3. 一定物质的量浓度溶液的稀释

【例3-8】 配制 250 mL 1 mol/L HCl 溶液,需要 12 mol/L HCl 溶液的体积是多少?

【分析】 在用水稀释浓溶液时,溶液的体积发生了变化,但溶液中溶质的物质的量不变。即在浓溶液稀释前后,溶液中溶质的物质的量是相等的。

【解】 设配制 250 mL(V_1)1 mol/L(c_1)HCl 溶液,需要 12 mol/L(c_2)HCl 溶液的体积为 V_2。

$$V_2=\frac{c_1 \cdot V_1}{c_2}$$
$$=\frac{1 \text{ mol} \cdot L^{-1} \times 0.25 \text{ L}}{12 \text{ mol} \cdot L^{-1}}$$
$$=0.021 \text{ L}$$
$$=21 \text{ mL}$$

答:配制 250 mL 1 mol/L HCl 溶液,需要 12 mol/L HCl 溶液 21 mL。

四、物质的量应用于化学方程式的计算

物质是由原子、分子或离子等粒子组成的,物质之间的化学反应也是这些粒子按一定的数目关系进行的。化学方程式可以明确地表示出化学反应中这些粒子数之间的数目关系。这些粒子之间的数目关系,也就是化学计量数的关系。例如

$$2H_2 + O_2 \xrightarrow{\text{点燃}} 2H_2O$$

化学计量数之比　　2　:　1　:　2

扩大 $6.02×10^{23}$ 倍　　$2×6.02×10^{23}$　：　$1×6.02×10^{23}$　：　$2×6.02×10^{23}$

物质的量之比　　　　2 mol　　：　　　1 mol　　：　　　2 mol

　　从这个例子中可以得知,化学方程式中各物质的化学计量数之比,等于化学反应中各物质的粒子数之比,因而也等于各物质的物质的量之比。因此,将物质的量(n)、摩尔质量(M)、摩尔体积(V_m)、物质的量浓度(c)等概念应用于化学方程式进行计算时,对于定量的研究化学反应中各物质之间的量的关系,会更加方便。

　　【例3－9】　完全中和0.10 mol NaOH需要H_2SO_4的物质的量是多少?所需H_2SO_4的质量是多少?

　　【解】　$2NaOH + H_2SO_4 = Na_2SO_4 + 2H_2O$
　　　　　　　　 2　　　1
　　　　　0.10 mol　$n(H_2SO_4)$

$$\frac{V(NaOH)}{V(H_2SO_4)} = \frac{n(NaOH)}{n(H_2SO_4)}$$

$$n(H_2SO_4) = \frac{1×0.10\ mol}{2}$$

$$= 0.05\ mol$$

H_2SO_4的相对分子质量是98,H_2SO_4的摩尔质量是98 g/mol,H_2SO_4的质量:

$$m = M · n$$

$$= 0.05\ mol × 98\ g/mol$$

$$= 4.9\ g$$

　　答:完全中和0.10 mol NaOH需要0.05 mol H_2SO_4,所需H_2SO_4的质量为4.9 g。

　　【例3－10】　400 mL某浓度的NaOH溶液恰好与5.8 L Cl_2(标准状况)完全反应,计算:

　　(1)生成的NaClO的物质的量。

　　(2)该溶液中NaOH的物质的量浓度。

　　【解】　$2NaOH + Cl_2 = NaCl + NaClO + H_2O$
　　　　　　　 2 mol　 22.4 L　　　　　1 mol
　　$c(NaOH)×0.40\ L$　5.8 L　　　　$n(NaClO)$

　　(1)　　　　　$n(NaClO) = \frac{5.8\ L × 1\ mol}{22.4\ L}$

　　　　　　　　　　　　　$= 0.26\ mol$

　　(2)　　　　　$c(NaOH) = \frac{5.8\ L × 1\ mol}{0.4 × 22.4\ L}$

　　　　　　　　　　　　　$= 1.3\ mol$

　　答:(1)生成的NaClO的物质的量为0.26 mol。

　　(2)该溶液中NaOH的物质的量浓度为1.3 mol/L。

一、填空题

1.5 mol CO_2的质量是＿＿＿＿＿＿,在标准状况下所占的体积约为＿＿＿＿＿＿,所含的分子数目约为＿＿＿＿＿＿,所含氧原子的数目约为＿＿＿＿＿＿。

2. 配制 500 mL 1 mol/L HNO_3 溶液,需要 16 mol/L HNO_3 溶液的体积是_____。

3. 物质的量相同的 $AgNO_3$ 分别与物质的量浓度相同的 NaCl 溶液和 $AlCl_3$ 溶液反应。

4. 在 400 mL 2 mol/L H_2SO_4 溶液中,溶质的质量是_____。此溶液中 H^+ 的物质的量浓度为_____,SO_4^{2-} 的物质的量浓度为_____。

5. 28 g N_2 与 22.4 L(标准状况)CO_2 相比,所含分子数目_____。物质的量都是 1.5 mol 的上述两种气体相比,质量大的是_____。

二、选择题

1. 在下列各组物质中,所含分子数目相同的是( )。
   A. 10 g H_2 和 10 g O_2 B. 9 g H_2O 和 0.5 mol Br_2
   C. 5.6 L N_2(标准状况)和 11 g CO_2 D. 224 mL H_2(标准状况)和 0.1 mol N_2

2. 密度为 1.84 g/cm^3、H_2SO_4 的质量分数为 98% 的浓硫酸中 H_2SO_4 的物质的量浓度是( )。
   A. 18.8 mol/L   B. 18.4 mol   C. 18.4 mol/L   D. 18.8

3. 相同质量的镁和铝的物质的量之比为( )。
   A. 1:1   B. 8:9   C. 9:8   D. 2:3

4. 在相同体积、相同物质的量浓度的酸中,必然相等的是( )。
   A. 溶质的质量   B. 氢离子的物质的量
   C. 溶质的物质的量   D. 溶质的质量分数

5. 已知在 3.2 g 某气体中所含的分子数目约为 $3.01×10^{22}$,此气体的摩尔质量为( )。
   A. 32 g   B. 32 g/mol   C. 64 mol   D. 64 g/mol

6. 等质量的 SO_2 和 SO_3( )。
   A. 所含氧原子的个数比为 2:3   B. 所含硫原子的个数比为 1:1
   C. 所含氧元素的质量比为 5:6   D. 所含硫元素的质量比为 5:4

7. 相同物质的量的 Mg 和 Al 分别与足量的盐酸反应,所生成的氢气在标准状况下的体积比是( )。
   A. 1:1   B. 8:9   C. 3:2   D. 2:3

三、下列说法是否正确,如不正确,说明原因。

1. 22.4 L O_2 中一定含有 $6.02×10^{23}$ 个氧原子。

2. 在标准状况时,20 mL NH_3 与 60 mL O_2 所含的分子个数 2 比为 1:3。

3. 18 g H_2O 在标准状况下的体积是 0.018 L。

4. 将 80 g NaOH 溶于 1 L 水中,所得溶液中 NaOH 的物质的量浓度为 2 mol/L。

四、计算题

1. 配制下列物质的 0.2 mol/L 溶液各 50 mL,需要各物质的质量分别是多少?
   (1)KNO_3 (2)H_2SO_4 (3)KOH   (4)$BaCl_2$

2. 5.4 g Al 与足量 6 mol/L 盐酸完全反应,计算:
   (1)至少需要 6 mol/L 盐酸的体积。
   (2)生成 $AlCl_3$ 的质量。
   (3)生成 H_2 的体积(标准状况)。

3. 100 g Na_2CO_3 与 NaCl 的混合物,与足量的盐酸充分反应,放出的气体在标准状况下的体积是 11.2 L。计算原混合物中 Na_2CO_3 的质量分数。

第四章

化学反应的基本知识

在初中已经学习了一些化学反应,根据反应的特点,可将反应分为化合反应、分解反应、置换反应、复分解反应等不同类型。这一章里,将探讨氧化还原反应和离子反应的特点,此外还要探讨有关化学反应的快慢(反应速率)和化学反应进行的程度(化学平衡)等问题。

1. 理解并掌握氧化还原反应。
2. 熟悉并掌握离子反应。
3. 熟悉并掌握化学反应速率及化学平衡。

第一节　　氧化还原反应

生活和生产中的很多化学变化,如物质的燃烧、食物的变质、钢铁的锈蚀、酿酒和酿醋、金属的冶炼、电解、电镀等,都属于氧化还原反应。这些变化中有些是有利的,有些是有害的。为了趋利避害,需要了解这些变化的原因,掌握规律。本节主要探寻氧化还原反应的规律。

一、氧化还原反应

预先收集一试管氢气备用。如图4-1所示,将光亮的铜丝置于酒精灯上灼烧至变黑,小心移入集有氢气的试管中,观察并将现象记录到表4-1。

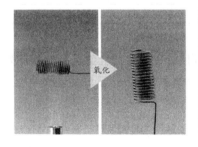
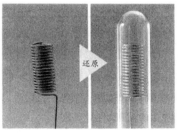

图4-1　氧化铜的生成和还原

表 4－1　实验现象

实验步骤	化学方程式	实验现象	解释现象
灼烧光亮的铜丝	$2Cu+O_2 \xrightarrow{\triangle} 2CuO$		
趁热将变黑的铜丝置于氢气中	$CuO+H_2 \xrightarrow{\triangle} Cu+H_2O$		

利用初中学习的氧化反应和还原反应的知识,分析上述氢气还原氧化铜的反应中反应前后各物质的变化,填写表4－2。

表 4－2　反应前后各物质的变化

	反应物	发生的反应(氧化反应或还原反应)
得氧物质		
失氧物质		

在上述反应中,氧化反应和还原反应同时发生,这类反应称为氧化还原反应。

二、标化学价

仿照下列化学方程式(1)标出化学方程式(2)和(3)中各物质所含元素的化合价,比较反应前后价态有无变化,记录于表4－3分析并归纳其中的共同特点。

(1)$\overset{+3}{Fe_2}\overset{-2}{O_3}+3\overset{+2}{C}\overset{-2}{O} \xrightarrow{高温} 2\overset{0}{Fe}+3\overset{+4}{C}\overset{-2}{O_2}$

(2)$CuO+H_2 \xrightarrow{\triangle} Cu+H_2O$

(3)$H_2O+C \xrightarrow{\triangle} H_2+CO$

表 4－3　反应前后价态变化

反应编号	发生价态变化的元素			所含元素化合价变化的物质发生的反应(氧化反应或还原反应)
	元素符号	反应前价态	反应后价态	
1				
2				
3				

上述反应中都有元素化合价的升、降变化,且所含元素化合价升高的物质发生的反应为氧化反应,所含元素化合价降低的物质发生的反应为还原反应。

我们再来看下面的反应:

$$\overset{0}{Fe}+\overset{+2}{Cu}SO_4 = \overset{+2}{Fe}SO_4+\overset{0}{Cu}$$

在这一反应中,并没有氧的得失,但反应前后也有元素化合价升、降的变化。

我们把凡是有元素化合价升降的化学反应都称为氧化还原反应。

知识库

表4—4　常见元素和根的主要化合价

元素和根		化合价	元素和根		化合价
名称	符号		名称	符号	
钠	Na	+1	氯	Cl	−1
银	Ag	+1	氧	O	−2
钙	Ca	+2	碳	C	+2、+4
钡	Ba	+2	氢氧根	OH	−1
铜	Cu	+1、+2	硝酸根	NO₃	−1
铁	Fe	+2、+3	硫酸根	SO₄	−2
锌	Zn	+2	碳酸根	CO₃	−2
氢	H	+1	铵根	NH₄	+1

反应前后有元素的化合价发生变化，这是氧化还原反应的更加普遍的特征。利用这一特征可以很方便地判断某一反应是否为氧化还原反应。

根据以上所学知识判断下列反应是否为氧化还原反应。

$$C+O_2 \xrightarrow{\text{点燃}} CO_2$$

$$2NaHCO_3 \xrightarrow{\triangle} Na_2CO_3 + H_2O + CO_2\uparrow$$

$$2H_2O_2 \xrightarrow{MnO_2} 2H_2O + O_2\uparrow$$

$$Zn + 2HCl = ZnCl_2 + H_2\uparrow$$

$$FeCl_3 + 3NaOH = Fe(OH)_3\downarrow + 3NaCl$$

在氧化还原反应中，所含元素化合价升高的反应物起着还原作用，是还原剂，如"二、标化学价"中 3 个反应中的 CO、H_2 和 C；所含元素化合价降低的反应物起着氧化作用，是氧化剂，如"二、标化学价"中 3 个反应中的 Fe_2O_3、CuO 和 H_2O。常用做氧化剂的物质有 O_2、Cl_2、浓硫酸、HNO_3、$KMnO_4$、$FeCl_3$ 等；常用做还原剂的物质有活泼的金属单质，如 Al、Zn、Fe，以及 C、H_2、CO 等。

上述结果说明，氧化还原反应不只是有得氧、失氧的反应，凡是有元素化合价升降的化学反应都是氧化还原反应。

化合价表示化合物中原子之间相互化合的数目，它与原子核最外层电子有密切的关系。

例如，钠和氢气都能与氯气作用，分别生成氯化钠和氯化氢。从氢、钠、氯的原子结构示意图（如图4—2）可知，钠原子失去 1 个电子，氯原子得到 1 个电子，双方最外电子层可达到 8 个电子的稳定结构。因此，在钠与氯气的反应中，钠原子失去电子，成为钠离子，化合价由 0 价升高到 +1 价，被氧化；氯原子得到电子，成为氯离子，化合价由 0 价降低到 −1 价，被还原。

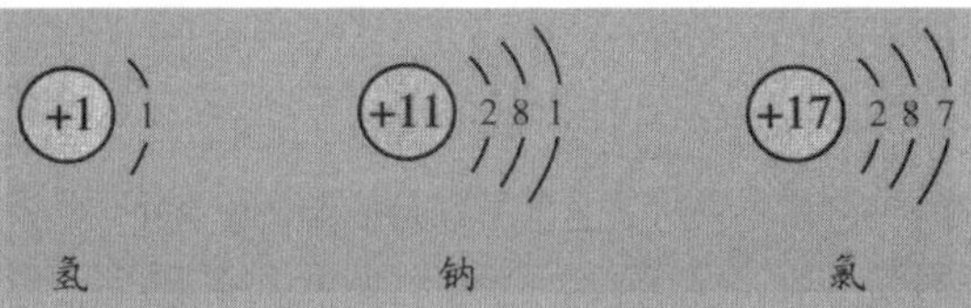

图4-2　氢、钠、氯原子结构示意图

在氢气与氯气的反应中,氢原子与氯原子获得电子的能力相差不大,都不能完全夺得对方的电子,而是共用一对电子,使双方最外电子层都达到稳定结构(氢原子获得1个电子即可形成2个电子的稳定结构)。在氯化氢分子中,氯原子对共用电子对的吸引力稍强于氢原子,电子对偏向氯原子而偏离氢原子,因而氢元素的化合价从0价升高到+1价,被氧化;氯元素的化合价从0价降低到-1价,被还原。

化合价升高,被氧化

$$\overset{0}{H_2} + \overset{0}{Cl_2} \xrightarrow{\text{点燃}} 2\overset{+1\,-1}{HCl}$$

上述分析说明,氧化还原反应中元素化合价的升降,反映的是反应过程中元素原子核外电子转移(得失或偏移)的情况。电子转移是氧化还原反应的本质原因。

第二节　离子反应

一、酸、碱、盐的解离

图4-3所示是实验物质导电性的装置。先后用盛有氯化钠固体和蒸馏水的小烧杯进行实验,观察并记录现象。将氯化钠固体溶解在蒸馏水中配成溶液,再测试其导电性,观察并记录现象,列于表4-5中。

图4-3　试验物质的导电性

表4-5　氯化钠导电性

被试物质	现象	结论
氯化钠固体		
蒸馏水		
氯化钠溶液		

通过实验可知,氯化钠固体和蒸馏水都不导电,但两者混合所得到的氯化钠溶液却能够导电。这说明在氯化钠溶液中有能够自由移动的带电粒子,接通电源时这些带电粒子按一定方

向移动即形成电流。氯化钠溶液中可自由移动的带电粒子是氯化钠在水分子作用下发生解离而生成的钠离子和氯离子(如图 4—4 所示)。

NaCl 加入水中　　　水分子与 NaCl 晶体作用　　　NaCl 溶解并解离

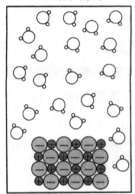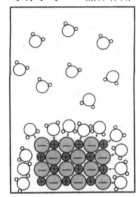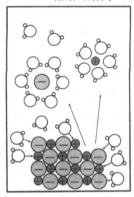

图 4—4　氯化钠在水中的溶解和解离示意图

这一过程可以用解离方程式表示如下：

$$NaCl = Na^+ + Cl^-$$

像这样的解离,在其他盐、酸或碱溶液中也会发生。例如：

$$KNO_3 = K^+ + NO_3^-$$

$$HCl = H^+ + Cl^-$$

$$NaOH = Na^+ + OH^-$$

二、离子反应

我们先依据表 4—6 实验操作,进行实验。

表 4—6　实验操作

序号	实验步骤	实验现象	分析	
			混合前溶液中的粒子	混合后溶液中的粒子
1	向盛有 2 mL Na_2SO_4 溶液的试管中加入等量 KCl 溶液			
2	向盛有 2 mL Na_2SO_4 溶液的试管中加入等量 $BaCl_2$ 溶液			

1. 实验 1

当 Na_2SO_4 溶液与 KCl 溶液混合时,没有发生化学反应,只是 Na_2SO_4 解离出的 Na^+、SO_4^{2-} 与 KCl 解离出的 K^+、Cl^- 的混合;而在实验 2 中,当 Na_2SO_4 溶液与 $BaCl_2$ 溶液混合时,Na_2SO_4 解离出的 Na^+ 和 $BaCl_2$ 解离出的 Cl^- 没有发生化学反应,而 Na_2SO_4 解离出的 SO_4^{2-} 与 $BaCl_2$ 解离出的 Ba^{2+} 发生了化学反应,生成难溶的 $BaSO_4$ 白色沉淀：

$$Na_2SO_4 + BaCl_2 = 2NaCl + BaSO_4 \downarrow$$

由于电解质溶于水后解离成离子,所以电解质在溶液里所起的反应实质上是离子之间的反应,这样的反应叫做离子反应。酸、碱、盐在水溶液中发生的复分解反应,实质上就是两种电解质在溶液中相互交换离子的反应。这类离子反应发生的条件是有沉淀、气体或水生成。只要具备这三个条件之一,这类离子反应就能发生。

2. 实验 2

实验 2 中有难溶的 $BaSO_4$ 生成,反应的实质是

$$SO_4^{2-} + Ba^{2+} = BaSO_4 \downarrow$$

这种用实际参加反应的离子的符号表示离子反应的式子叫做离子方程式。

离子方程式可以按下述步骤书写(以 Na_2SO_4 溶液与 $BaCl_2$ 溶液的反应为例)。

①写出反应的化学方程式:

$$Na_2SO_4 + BaCl_2 = 2NaCl + BaSO_4 \downarrow$$

②把易溶于水、易解离的物质写成离子形式,难溶的物质或难解离的物质以及气体等仍用化学式表示。上述化学方程式可改写成:

$$2Na^+ + SO_4^{2-} + Ba^{2+} + 2Cl^- = 2Na^+ + 2Cl^- + BaSO_4 \downarrow$$

③删去方程式两边不参加反应的离子:

$$Ba^{2+} + SO_4^{2-} = BaSO_4 \downarrow$$

④检查离子方程式两边各元素的原子个数和电荷总数是否相等。如果离子方程式两边各元素的原子个数和电荷总数都相等,所写的离子方程式正确。

完成表 4—7 中各反应的离子方程式。这两个反应的化学方程式不同,离子方程式相同吗?

表 4—7　完成离子方程式

反应物	化学方程式	离子方程式	两种方程式的区别
$HCl + NaOH$	$HCl + NaOH = NaCl + H_2O$		
$H_2SO_4 + KOH$	$H_2SO_4 + 2KOH = K_2SO_4 + 2H_2O$		

由上述练习可知,离子方程式与一般的化学方程式不同,不仅可以表示物质间的某个反应,而且可以表示同一类型离子反应的实质。例如离子方程式: $H^+ + OH^- = H_2O$,不仅可以表示 HCl 溶液与 NaOH 溶液的反应,而且可以表示其他强酸与强碱发生的中和反应。

第三节　化学反应速率及其影响因素

物质的燃烧、钢铁的锈蚀、酒和醋的酿制等过程有快有慢,也就是说,它们的化学反应速率不一样。如何表示化学反应速率呢?化学反应速率又与哪些因素有关呢?这是了解化学反应规律的重要内容之一,也是本节要探讨的问题。

一、化学反应速率的基本概念

化学反应进行得"快"与"慢"是相对而言的,比较时通常要确定一个参照物。对化学反应进行得快慢进行定量描述或比较时,用"反应速率"来表示。

化学反应速率(符号为 v)通常用单位时间内反应物浓度的减少量或生成物浓度的增加量(均用正值)来表示:

$$v = \frac{\Delta c}{\Delta t}$$

浓度常以 mol/L 为单位,时间常以 min(分)或 s(秒)为单位,则化学反应速率的单位为 mol/(L·s)或 mol/(L·min)。

二、影响化学反应速率的主要因素

对于化学变化,有些希望其越慢越好,如食物的变质、金属的锈蚀;有些则希望其快一些,如合成氨等化工产品的生产。在化学实验和化工生产中,控制和改变化学反应速率,常常是决定实验成败或生产成本的关键因素。为此,首先要了解影响化学反应速率的因素。

根据你的学习和生活经验,以及下述日常生活和化学实验中的现象,探讨影响化学反应速率的因素可能有哪些。

• 向炉膛内鼓风、用煤粉代替煤块可以使炉火更旺。

• 化学实验时,通常将两种块状或颗粒状的固体药品研细并混匀后,或者把固体试剂溶于水配成溶液后再进行实验,以加速反应的进行。

• 把食品放在冰箱里,在糕点包装内放置小包除氧剂可以延长食品保质期。

• 铁在空气中和在纯氧中燃烧,反应的剧烈程度明显不同(如图 4—5)。

图 4—5 铁在空气中(左)和纯氧中(右)燃烧

1. 温度对反应速率的影响

在两支大小相同的试管中,装入 2~3 mL 约 5% 的 H_2O_2 溶液,分别滴入 1~2 滴 1 mol/L $FeCl_3$ 溶液。待试管中均有适量气泡出现时,将其中一支试管放入盛有 5 ℃ 左右冷水的烧杯中;另一支试管放入盛有 40 ℃ 左右热水的烧杯中,观察现象并进行对比。待放入盛热水烧杯中的试管里出现大量气泡时,用带火星的火柴梗检验放出的气体并将现象及结论填入表 4—8 中。

表 4—8 温度对反应速率的影响

实验条件	现　　象	结　　论
热水中		
常温		
冷水中		

2. 催化剂对反应速率的影响

在三支相同的试管中各装入 2～3 mL 约 5% 的 H_2O_2 溶液,向其中一支试管中加入少量 MnO_2 粉末,向另一支试管中加入 1～2 滴 1 mol/L $FeCl_3$ 溶液。观察对比三支试管内的现象,记录于表 4－9 中。

表 4－9　催化剂对反应速率的影响

	现　　象	结　　论
加入 MnO_2		
加入 $FeCl_3$		
不加其他试剂		

大量实验和科学研究表明:在其他条件相同时,增大反应物浓度,反应速率增大,降低反应物浓度,反应速率减小;升高温度,反应速率增大,降低温度,反应速率减小;催化剂可以改变反应速率。

对于气体来说,在相同温度下,压强越大,一定质量气体的体积越小,单位体积内气体的分子数越多(如图 4－6)。对于气体反应来说,增大压强(减小容器容积)相当于增大反应物的浓度,反应速率增大;减小压强(增大容器容积)相当于减小反应物的浓度,反应速率减小。

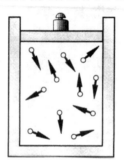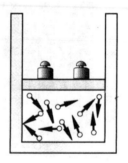

图 4－6　压强变大,气体浓度变大

催化剂

催化剂(又叫触媒)在化学反应中能改变其他物质的反应速率,其本身质量和化学性质在反应前后没有变化。

催化剂在化学反应中所起的作用叫催化作用。MnO_2、$FeCl_3$ 对 H_2O_2 的分解都具有加速反应的催化作用。其反应可表示为

$$2H_2O_2 \xrightarrow{\text{催化剂}} 2H_2O + O_2 \uparrow$$

从以上探讨可以看出,反应物浓度、温度、催化剂、固体表面积等因素都可以影响反应速率。只要我们用心观察和思考,就会发现生活里和化学实验中采取的很多措施都是用来调控化学反应速率的。

第四节　化学平衡及其应用

在化学反应的实际应用中,不仅要考虑反应的速率,还常常要考虑如何使反应物尽可能多地转化为生成物。例如,在合成氨工业中,除了要考虑使氮气和氢气尽可能快地转化为氨外,还要考虑如何使氮气和氢气尽可能多地转化为氨。这就涉及反应进行的程度问题——化学平衡。

一、可逆反应与化学平衡

1. 可逆反应

可逆反应就是在同一条件下正反应方向(反应物→生成物)和逆反应方向(生成物→反应物)能同时进行的化学反应,如 C 与 CO_2 作用生成 CO 的反应。很多化学反应都具有可逆性,只是可逆程度有所不同。在表示可逆反应时,用"$\rightleftharpoons$"代替"$=$",例如:

$$C+CO_2 \rightleftharpoons 2CO$$

2. 化学平衡

一个可逆反应在反应进行之初,反应物浓度最大,生成物浓度为0,所以,正反应速率大于逆反应速率;随着反应的进行,反应物浓度逐渐减小,生成物浓度逐渐增大。因而,正反应速率逐渐减小,逆反应速率逐渐增大,当反应进行到一定程度时,正反应速率与逆反应速率相等,反应物的浓度与生成物的浓度不再改变,达到一种表面静止的状态,称为"化学平衡状态",简称化学平衡,如图 4-7 所示。

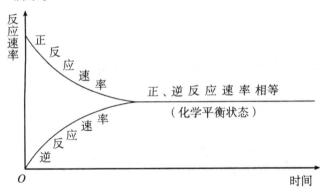

图 4-7　一定条件下的可逆反应中,正反应速率和逆反应速率随时间的变化

化学平衡状态是可逆反应在给定条件下,反应所能达到的一种终了状态,相当于在给定条件下,反应物转化程度达到最大值($<100\%$)时的情况。

二、化学平衡的移动

化学平衡是动态平衡,是可逆反应在一定条件下达到的一种暂时的、相对稳定的状态。当"一定条件"改变时,这种状态是否还能保持? 如果不能保持,影响化学平衡状态的因素又可能有哪些?

1. 温度对化学平衡的影响

在以往的学习中已经知道,化学反应过程中不仅有物质的变化,还伴随有能量的变化,并通常表现为热量的变化——吸热或者放热。如前面提到的炼铁高炉里的两个反应：

$C(焦炭)+O_2(空气)=CO_2(放出热量)$

$C(焦炭)+CO_2 \rightleftharpoons 2CO(吸收热量)$

将研细的约 20 g $Ba(OH)_2 \cdot 8H_2O$ 晶体与约 10 g NH_4Cl 晶体一起放入烧杯中，并将烧杯放在滴有几滴水的蒸发皿（或玻璃片）上。用玻璃棒快速搅拌，闻气味，并用手触摸杯壁下部，试着拿起烧杯，可观察到烧杯与表面皿已经冻结在一起。

上述反应是一个吸热反应。在我们学习过的化学反应里有许多放热反应，你能列举出多少？

对于可逆反应，如果正反应是放热反应，则其逆反应必定是吸热反应，如

$$2NO_2(g) \underset{吸热}{\overset{放热}{\rightleftharpoons}} N_2O_4(g)$$
$$\underset{(红棕色)}{} \qquad \underset{(无色)}{}$$

炼铁高炉尾气之谜

钢铁生产是 17 世纪从英国开始的第一次产业革命的两大产业之一。高炉炼铁的主要反应是

$$Fe_2O_3+3CO \overset{高温}{=\!=\!=} 2Fe+3CO_2$$

其中的 CO 来自下述反应：

$$C(焦炭)+O_2(空气)=CO_2(放出热量)$$
$$C(焦炭)+CO_2 \rightleftharpoons 2CO(吸收热量)$$

炼制 1 t 生铁所需焦炭的实际用量，远高于按照化学方程式计算所需的量，且从高炉炉顶出来的气体中含有没有利用的 CO 气体。开始时，炼铁工程师们认为是 CO 气体与铁矿石接触不充分，于是设法增加高炉的高度。然而，高炉增高后，高炉尾气中的 CO 含量却基本不变。这成了炼铁技术中的科学悬念。直到 19 世纪下半叶，法国科学家勒夏特列经过深入的研究，才将这一谜底揭开。原来，产生上述现象的原因是：$C+CO_2 \rightleftharpoons 2CO$ 是一个不能进行到底的可逆反应，并且自下而上发生在高炉中有焦炭的地方。后来的研究说明，在高炉中 Fe_2O_3 与 CO 反应也不能全部转化为 Fe 和 CO_2。

观察盛有 NO_2 和 N_2O_4 混合气体的玻璃球的颜色，然后将两端的玻璃球分别放在冰水和热水中（如图 4—8），观察两球内气体颜色的变化，记录于表 4—10 中。

图 4—8　温度对化学平衡的影响

表 4—10 气体颜色变化

平衡体系	$2NO_2(g)$(红棕色) $\Longleftrightarrow$ $N_2O_4(g)$(无色)	
温度变化	温度升高(热水中)	温度降低(冰水中)
颜色变化		
结论		

由于正反应是放热反应,浸泡在冰水中的玻璃球的红棕色明显变浅(NO_2 的浓度减小,N_2O_4 的浓度增大),浸泡在热水中的玻璃球中的红棕色明显加深(NO_2 的浓度增大,N_2O_4 的浓度减小)。

这说明温度变化打破了原来的平衡状态,即正反应速率与逆反应速率不再相等,反应体系中各物质的浓度随之发生变化,直到在新的条件下,反应达到新的平衡。这种旧平衡被打破而新平衡建立的过程叫化学平衡的移动。在其他条件不变的情况下,升高温度时,化学平衡向着吸热反应方向移动;降低温度时,化学平衡则向着放热反应方向移动。

2. 浓度对化学平衡的影响

向盛有 5 mL 0.005 mol/L $FeCl_3$ 溶液的试管中加入 5 mL 0.01 mol/L KSCN 溶液,溶液呈红色。在这个反应体系中存在着下述平衡:

$$Fe^{3+} + 3SCN^- \Longleftrightarrow Fe(SCN)_3 \text{(红色)}$$

将上述溶液均分置于试管①、试管②和试管③中。取试管①和试管②进行步骤(1)和步骤(2)的实验,同时与试管③对比,观察溶液颜色的变化,并记录于表 4—11 中。

表 4—11 溶液颜色变化

平衡体系	$Fe^{3+} + 3SCN^- \Longleftrightarrow Fe(SCN)_3$	
	试管①	试管②
步骤(1)	滴加饱和 $FeCl_3$ 溶液 4 滴,充分振荡	滴加 1 mol/L KSCN 溶液 4 滴,充分振荡
现象		
步骤(2)	滴加 0.01 mol/L NaOH 溶液 4 滴,充分振荡	滴加 0.01 mol/L NaOH 溶液 4 滴,充分振荡
现象		
结论		

通过实验可知,增大或减小反应物的浓度,化学平衡都会发生移动。在其他条件不变的情况下,增大反应物浓度,正反应速率加快,化学平衡向正反应方向移动;减小反应物浓度,逆反应速率加快,化学平衡向逆反应方向移动。

由于催化剂能够同等程度地增加正反应速率和逆反应速率,它对化学平衡的移动没有影响。也就是说,催化剂不能改变达到化学平衡状态的反应混合物的组成,但是使用催化剂,能改变反应到达平衡所需的时间。

平衡移动现象在所有存在着可逆过程的体系中普遍存在,法国化学家勒夏特列曾就此总结出一条经验规律:如果改变影响平衡的条件之一(如温度、压强,以及参加反应的化学物质的浓度),平衡将向着能够减弱这种改变的方向移动,这就是著名的勒夏特列原理。勒夏特列原理是经过反复验证过的一条科学规律,在化学工业和环境保护技术中都有着十分重要的实际应用。

勒夏特列

亨利·勒夏特列(H. Le Chatelier)于 1850 年 10 月 8 日出生于法国巴黎,在家庭的熏陶下他从小就对科学感兴趣,经常到祖父的水泥厂参观。他养成了每天早起学习的良好习惯,而且多年来一直坚持着。

他的研究兴趣是多方面的。他研究过水泥的成分及不同条件下的固化;改进温度计,使之能测量高温;证明了钢淬火的科学原理;发明了氧气乙炔焰用于焊接;他也是研究合成氨的先驱。1884 年,他提出了平衡移动原理。在 1925 年退休以后,大部分时间致力于智力与道德教育。1936 年 9 月 17 日逝世,享年 85 岁。

一、填空题

1. 下列化学反应中属于氧化还原反应的有_____。

(1)$CuO + CO \overset{\triangle}{=\!=\!=} Cu + CO2$

(2)$Ca(OH)_2 + CO_2 = CaCO_3 \downarrow + H_2O$

(3)$2Na + 2H_2O = 2NaOH + H_2 \uparrow$

(4)$2FeCl_2 + Cl_2 = 2FeCl_3$

(5)$NaHCO_3 + HCl = NaCl + H_2O + CO_2 \uparrow$

(6)$2Al + 6HCl = 2AlCl_3 + 3H_2 \uparrow$

2. 下列物质中,在化学反应里常做氧化剂的有_____;常做还原剂的有_____。

Al、Zn、Fe、O_2、Cl_2、C、H_2、CO、浓硫酸、HNO_3、$KMnO_4$、$FeCl_3$

3. 离子反应发生的条件是有_____或_____或_____生成。

4. 请根据下表左栏中的化学方程式,在右栏中写出相应的离子方程式。

化学方程式	离子方程式
$HCl + NaOH = NaCl + H_2O$	
$CaCl_2 + Na_2CO_3 = 2NaCl + CaCO_3 \downarrow$	
$FeCl_3 + 3NaOH = 3NaCl + Fe(OH)_3 \downarrow$	
$2HCl + Na_2CO_3 = 2NaCl + H_2O + CO_2 \uparrow$	

5. 化学反应速率是度量化学反应快慢的物理量,用单位时间内来表示,常用单位是_____。

6. 影响化学反应速率的因素主要有_____ _____。

7. 对于可逆反应来说,在一定条件下,当_____时,反应达到化学平衡状态,此时_____和_____保持不变。如果改变影响平衡的条件之一(如温度、压强以及参加反应的化学物质的浓度),平衡将向着_____的方向移动。

8. 可逆反应是在_____条件下,能同时向_____进行的反应。

二、选择题

1. 在下列反应中,HCl作还原剂的是( ),HCl作氧化剂的是( )。

A. $NaOH + HCl = NaCl + H_2O$

B. $MnO_2 + 4HCl(浓) \xlongequal{\triangle} MnCl_2 + 2H_2O + Cl_2\uparrow$

C. $Zn + 2HCl = ZnCl_2 + H_2\uparrow$

D. $CuO + 2HCl = CuCl_2 + H_2O$

2. 下列有关氧化还原反应的叙述中,正确的是( )。

A. 一定有氧元素参加　　　　　　　B. 一定有电子转移(得失或偏移)

C. 氧化反应一定先于还原反应发生　　D. 氧化剂本身发生氧化反应

3. 下列物质中,不属于电解质的是( )。

A. NaOH　　　　B. 蔗糖　　　　C. H_2SO_4　　　　D. NaCl

4. 在下列过程中,希望化学反应速率增大的是( )。

A. 钢铁腐蚀　　　　　　　　B. 食物腐败

C. 炼钢　　　　　　　　　　D. 塑料老化

5. 在一定条件下,向 $H_2 + I_2 \rightleftharpoons 2HI$ 的平衡体系中通入 H_2,平衡( )。

A. 向正反应方向移动　　　　B. 向逆反应方向移动

C. 不移动　　　　　　　　　D. 无法判断

6. 下列关于化学平衡的叙述,正确的是( )。

A. 是所有化学反应都存在的一种状态

B. 在给定条件下,化学反应的完成程度达到最大

C. 正、逆反应速率都为零

D. 反应已经停止,反应物和生成物的浓度不再发生变化

7. 合成氨反应的化学方程式为:$N_2 + 3H_2 \rightleftharpoons 2NH_3$,这是一个可逆的放热反应。在一定条件下,能使该反应的平衡向正反应方向移动的是( )。

A. 升高温度　　B. 降低温度　　C. 增加 N_2　　D. 减少 H_2

三、简答题

1. 试从电子转移的角度解释为什么氧化反应和还原反应必定同时发生。

2. 在许多食品外包装上都有保质期说明。你能用有关反应速率的知识加以解释吗?除此之外,你还能找出类似的例子吗?

3.1785 年,世界上第一次有记载的粉尘爆炸发生于意大利的一个面粉仓库。在通常情况下,面粉并不易燃。但是,当其在相对密闭的空间内悬浮在空气中,达到一定浓度时,遇火却会发生剧烈的反应——爆炸。试用本课题知识对此作出解释。

4. 对于可逆的放热反应:$CO(g) + H_2O(g) \rightleftharpoons CO_2(g) + H_2(g)$,要使 CO 尽量多地转化为 CO_2(平衡向正反应方向移动),应如何选择反应条件?

重要的非金属及其化合物

本章主要介绍氯、硫、氮等几种非金属及其化合物的基本知识,认识它们在人们生产和生活中的应用,以及对生态环境的影响。

1. 理解并掌握几种重要的非金属单质。

2. 熟悉并掌握几种重要的非金属化合物。

3. 掌握重要非金属离子的检验。

第一节 非金属单质

一、海水中富集的元素——氯

氯元素是一种活泼的非金属元素,其原子的最外层有 7 个电子,在化学反应中容易得到 1 个电子,呈现－1 价。因此,氯元素在自然界中常以化合态形式存在。海水里富集大量的 NaCl、KCl,是取之不尽的氯元素的源泉。氯元素对生命有着重要意义,人的血液和胃液中都含有氯元素。

1. 氯气的物理性质

1774 年,瑞典化学家舍勒在将软锰矿(主要成分是 MnO_2)与浓盐酸混合加热的实验过程中,发现了一种具有强烈刺激性气味的黄绿色气体。但由于受到当时"燃素说"的影响,他最终未能确定这种气体的组成。后来的一些研究者由于受到"一切酸中均含有氧"的观点束缚,认为该黄绿色气体是"氧化的盐酸"气。

直到 1810 年,英国化学家戴维基于大量的实验事实,确认"氧化的盐酸"不是一种化合物,而是由一种新元素组成的单质,他将这种元素命名为 chlorine,有"绿色"之意。中文译名曾为"绿气",后改名为"氯气"。

氯气(Cl_2)是由氯元素组成的非金属单质。通常状况下,Cl_2 是有强烈刺激性气味的黄绿色气体,能溶于水,有毒(使用时要注意安全!);在常压下冷却至－34.6℃会变为黄绿色油状液体,工业上称之为"液氯"。

　　在已发现的 100 多种元素中,除稀有气体元素外,非金属元素只有 10 余种。虽然为数不多,但其化合物却是化学世界里最庞大的家族之一。例如,氧和硅是地壳中含量最多的两种元素,它们构成了地壳的基本骨架;氮和氧是空气中含量最多的两种元素,它们是地球生命的重要基础元素;氟和碘是人体健康不可缺少的元素;硫是中国古代四大发明之一——"黑火药"的组成成分。在人们的生活中,CO、SO_2、NO_2 是影响大气质量的气态非金属氧化物,常用的食盐、漂白水等都含有氯,用于皮肤湿疹的硫软膏中也含有硫。非金属及其化合物在人们的生活和国民经济的发展中起着重要的作用。

　　2. 氯气的化学性质

　　(1)氯气与金属的反应　氯气的化学性质很活泼,能与大多数金属直接化合。例如,钠、铜、铁等金属都能在 Cl_2 中燃烧:

$$2Na+Cl_2 \xrightarrow{\text{点燃}} 2NaCl$$

$$Cu+Cl_2 \xrightarrow{\text{点燃}} CuCl_2$$

$$2Fe+3Cl_2 \xrightarrow{\text{点燃}} 2FeCl_3$$

　　(2)氯气与水的反应　Cl_2 溶于水,常温下,1 体积的水能够溶解约 2 体积的氯气,氯气的水溶液称为氯水。在氯水中,部分 Cl_2 分子与水发生反应,生成盐酸和次氯酸($HClO$)。

$$Cl_2+H_2O == HCl+HClO$$

　　$HClO$ 具有强的氧化性,能杀死水里的病菌。目前,很多自来水厂采用 Cl_2(1 L 水中约通入 0.002 g Cl_2)杀菌消毒就是基于这种作用。生活中,打开自来水龙头时,偶尔闻到自来水中散发出来的刺激性气味就是余氯的气味。$HClO$ 还能使某些染料和有机色素褪色,具有漂白作用。

　　(3)氯气与非金属的反应　初中化学中,曾做过 H_2 在空气中燃烧的实验。H_2 在 Cl_2 中也可以燃烧,并发出苍白色的火焰,燃烧后生成的气体是氯化氢,该气体极易溶于水,形成的水溶液就是我们常用的盐酸。

$$H_2+Cl_2 \xrightarrow{\text{点燃}} 2HCl$$

　　(4)氯气与碱的反应　Cl_2 可与 NaOH 溶液反应,生成氯化钠和次氯酸钠($NaClO$)。

$$2NaOH+Cl_2 == NaCl+NaClO+H_2O$$

　　如果将 Cl_2 通入消石灰[$Ca(OH)_2$]溶液中,即可制得含氯石灰,俗称漂白粉。漂白粉的主要成分是次氯酸钙[$Ca(ClO)_2$]和氯化钙,有效成分是 $Ca(ClO)_2$。

$$2Ca(OH)_2+2Cl_2 == CaCl_2+Ca(ClO)_2+2H_2O$$

　　漂白粉是廉价的杀菌、消毒剂,广泛用于漂白棉、麻、纸浆等。

　　生活中,人们经常用到漂白粉、漂粉精等漂白剂,其中,漂粉精是 Cl_2 与 $Ca(OH)_2$ 充分反应并使 $Ca(ClO)_2$ 成为主要成分。一般,漂粉精中含有效氯约 70%(质量分数),而漂白粉中含有效氯约 35%(质量分数)。漂白粉和漂粉精既可用做漂白棉、麻、纸张的漂白剂,又可用做游泳池及环境的消毒剂。

　　在滴有酚酞的 NaOH 溶液中,滴加新制氯水,边滴边振荡,红色会逐渐消失。对于红色消

失的原因,甲同学认为是 Cl_2 与 H_2O 反应生成的 HCl 和 HClO 中和了 NaOH 引起的;乙同学认为这是因为 Cl_2 与 H_2O 反应生成的具有强氧化性的 HClO 使红色酚酞变成了无色的物质。你认为哪位同学的说法正确? 请设计实验,证明自己的观点。

氯气除用做消毒剂与杀菌剂、制取盐酸和漂白粉外,还可用来制造氯丁橡胶、聚氯乙烯塑料、合成纤维、农药、有机溶剂(如氯仿、四氯化碳)和其他氯化物等,所以氯气是一种重要的化工原料。

知识库

氟、碘与人体健康

在元素周期表中,氟(F)、碘(I)与氯同处于第ⅦA族,都是比较活泼的非金属元素。

氟是人和动物不可缺少的微量元素,在自然界分布很广。在人的膳食和饮水中都含有氟,茶叶中含氟量最高,粮食、蔬菜和水果中也含有少量氟。氟能增强骨骼的硬度,加速骨骼的形成。人体如缺氟,不仅会造成龋齿,对骨骼的成长也会产生重要影响。此外,缺氟会造成老年性骨质疏松症。因此适量的氟对人体十分有益。但是不论是在牙膏中加氟,还是在自来水中加氟,都必须注意适量。如果摄入量过多,可引起“斑牙症”。

碘是人类发现的第二个人体必需的微量元素。碘在海水中的含量极少,但产自海洋的海带中碘含量要高得多,风干的海带含碘 0.5 %(质量分数),其他海产品如紫菜、海参、海蜇、干贝、海虾等,也都含有较丰富的碘。碘也存在于盐井的卤水中。

碘是人体甲状腺激素的重要成分,与人体的生长发育和新陈代谢关系密切,特别是对大脑的发育起着决定性作用。如果碘缺乏,会引起碘缺乏病(简称 IDD)。青少年及成人缺碘可引起甲状腺肿大,出现“大脖子病”;孕妇缺碘会引起早产、流产、新生儿先天畸形等;婴幼儿缺碘会引起克汀病,严重的还会引起智力受损,而且有些损害甚至无法弥补。同时,高碘对人同样有害,因此应注意科学补碘。

在我国,缺碘的情况比较普遍。1991 年 3 月我国政府向国际社会作出承诺:到 2000 年在中国内地消除碘缺乏病。为此,我国已在缺碘地区实行“食盐加碘”,将加碘食盐作为规定的食盐,并对食盐的标准及碘的含量作了严格的规定。

因此,为了你和家人的健康,请购买和食用加碘食盐。

二、古代四大发明之一“黑火药”的组成成分——硫

1. 硫元素的性质

硫元素最外层有 6 个电子,在化学反应中容易得到 2 个电子,呈现 -2 价,有时也能失去最外层电子,呈现 $+4$ 价、$+6$ 价。硫元素是一种重要的非金属元素,广泛存在于自然界中,在海洋、大气和地壳内,以及在煤、石油及矿泉水中都含有硫,硫也是人体和动物体内蛋白质的构成元素。早在公元前六世纪,我国古代炼丹术和医学上就用到硫。单质硫俗称“硫黄”,它是我国古代四大发明之一——“黑火药”的重要组成成分。

小锦囊

锻炼注意事项

广东河源的合溪温泉为龙川老八景之一。宋代大诗人苏东坡当年遍游龙川后,把合溪

温泉揽入八景之一，并留下了"合溪温水汇长河"的名句。合溪温泉水质独特，经地质部门验证属含硫黄及多种矿物质的天然温泉，对人体具有治疗、保健作用。

合溪溪床有几股温泉从地穴涌出，温度颇高，常年温度约 90 ℃。即使在冬天，池水温度也在 40 ℃以上，为国内所罕有。游人到此多洗澡，洗时可引冷泉调整水温；洗后披襟当风，身心愉快，加之周围野花遍山，百鸟啼鸣，使人心旷神怡。温泉所含硫黄对皮肤病、风湿炎症等均有显著疗效。

单质硫是一种淡黄色的晶体，质脆，不溶于水，易溶于二硫化碳（CS_2）中。

硫的化学性质比较活泼，在空气中燃烧生成二氧化硫（SO_2）。

$$S + O_2 \xrightarrow{\text{点燃}} SO_2$$

硫能与除金、铂以外的多种金属直接化合，生成金属硫化物并放出热量。例如：

$$\underset{\text{硫化亚铁}}{Fe + S \xrightarrow{\triangle} FeS}$$

2. 单质硫的用途

单质硫的用途很广，除了用于制造硫酸、硫酸盐、亚硫酸盐、硫化物外，还用于橡胶工业、造纸工业及制造火柴、黑火药、焰火等。硫在农业上是重要的杀虫杀菌剂及合成含硫农药的主要原料，如石硫合剂；在医药上，可用来配制硫软膏，如图 5-1 所示。

图 5-1　生活中含氯或含硫物质

三、空气中含量最多的元素——氮

1. 氮的性性质

在空气中，N_2 是含量最多的气体，约占空气体积的 78%（体积分数）。氮是构成动、植物体中蛋白质的重要元素。氮和氮的化合物，如 NH_3、HNO_3、氮肥、炸药以及蛋白质、核酸等，在工农业生产、国防和生命科学研究等领域中都有重要的用途。

通常状况下，N_2 是无色、无味的气体，不仅不可燃、不助燃，而且也很难发生化学反应，但在高温或特定条件下，N_2 也能与 H_2、O_2 金属等物质发生化学反应。例如：

$$N_2 + 3H_2 \xrightarrow[\text{催化剂}]{\text{高温、高压}} 2NH_3$$

$$N_2 + 3Mg \xrightarrow{\text{点燃}} Mg_3N_2$$

$$N_2 + O_2 \xrightarrow{\text{放电}} 2NO$$

2. 固氮

将空气中的氮单质转化为氮的化合物的过程,称为氮的固定,简称"固氮"。

氮虽然是生物体必需的元素,但必须将大气中的氮单质转化为氮的化合物,才能被生物体吸收。而自然界中的某些微生物,如豆科植物的根瘤菌或固氮微生物却能在常温常压下固定空气中的氮,将它转化为能被植物吸收的氮。

据估算,每年生物固氮量达世界工业固氮量的 40 倍,可见生物固氮能力的强大。

第二节　几种重要的非金属化合物

一、非金属气态氢化物

在一定的条件下,多数非金属单质都能与氢气(H_2)发生化学反应生成气态氢化物。其中较为重要的有氯化氢(HCl)、硫化氢(H_2S)和氨气(NH_3)。

1. 氯化氢

(1)性质　氯化氢(HCl)是无色、有刺激性气味的气体,极易溶于水。氯化氢的水溶液叫氢氯酸,俗称盐酸,是化学工业重要的"三酸"之一,具有酸的通性,能与金属、金属氧化物、碱和盐等发生反应。

(2)用途　盐酸是重要的化工原料,工业上常用做清除铁锈的洗涤酸,焊接用的"锚水"就是含有锌盐的浓盐酸。常见的盐酸盐有氯化钠(NaCl)和氯化钾(KCl)等。

氯化钠俗名食盐,纯净的氯化钠晶体呈立方形,易溶于水,在空气中不潮解;粗盐因含有氯化镁、氯化钙等杂质,在空气中易潮解。食盐的用途很广,除食用外,还是重要的化工原料,大量用于制取金属钠、氯气、氢氧化钠和纯碱等化工产品。医疗上用的生理盐水是 0.85% ～ 0.90% 的食盐水,常用在出血过多、严重腹泻等所引起的缺水病症,也可用来洗涤伤口进行消毒。氯化钠还是维持人体正常生理机能所不可缺少的物质。

小锦囊

菠萝是人们喜爱的佳果之一,营养丰富,味道清香。但菠萝汁中含有的生物苷会刺激口腔黏膜,食后会感到口腔发痒;所含的菠萝酶会使人过敏,产生腹痛、腹泻、呕吐、口舌和皮肤发麻发痒,严重的还会出现呼吸困难,甚至昏迷等症状。因此,食用时,通常将菠萝肉块放在食盐水里浸泡一会儿,以破坏菠萝的生物苷和菠萝酶,这样,既可以除去菠萝的涩味,使之鲜美可口,又可减少或避免出现过敏反应。

2. 硫化氢

(1)性质　硫化氢(H_2S)是无色、有臭鸡蛋气味的气体,密度比空气略大,能溶于水,它的水溶液叫做氢硫酸,显弱酸性。硫化氢有毒,是大气主要污染物之一。水稻田由于通风不良可能产生硫化氢,导致稻苗烂根;动植物体腐败时,也会产生硫化氢气体。

(2)用途　H_2S 是一种可燃性气体。空气充足时燃烧,生成 SO_2 和 H_2O;空气不足时,生成硫单质和水。

$$2H_2S + 3O_2(\text{充足}) \xrightarrow{\text{点燃}} 2SO_2 + 2H_2O$$

$$2H_2S+O_2(不充足)\xrightarrow{点燃}2S\downarrow+2H_2O$$

H_2S 具有较强的还原性,与 SO_2 可发生如下反应:

$$2H_2S+SO_2=\!\!=\!\!=2H_2O+3S\downarrow$$

工业上,利用排出的含 SO_2 的尾气与含 H_2S 的废气相互作用,既能回收硫,又可避免污染环境。

3. 氨气

氨(NH_3)是无色、有强烈刺激性气味的气体,极易溶于水,氨的水溶液叫做氨水。氨在常压下冷却到 $-33.35℃$,会凝结成无色液体,同时放出大量的热。液态氨汽化时要吸收大量的热,所以,液态氨可用做制冷剂。

(1)氨与水反应

【实验5-1】　用玻璃棒蘸取氨水滴于红色石蕊试纸上,观察实验现象。

NH_3 与水结合生成一水合氨,有弱碱性,能使湿润的红色石蕊试纸变蓝。一水合氨很不稳定,受热容易分解成 NH_3。

$$NH_3+H_2O=\!\!=\!\!=NH_3\cdot H_2O=\!\!=\!\!=NH_4^++OH^-$$

$$NH_3\cdot H_2O\xrightarrow{\triangle}NH_3\uparrow+H_2O$$

(2)氨与酸反应　NH_3 遇盐酸时,会发生反应生成相应的铵盐。

【实验5-2】　取2支玻璃棒,分别蘸取浓氨水和浓盐酸,使2支玻璃棒接近(如图5-2所示),观察实验现象,填入表5-1中。

表5-1　氨气与盐酸实验现象

实验现象	现象解释
	氨气与氯化氢化合生成了微小的氯化铵晶体,反应式为 $$NH_3+HCl=\!\!=\!\!=NH_4Cl$$

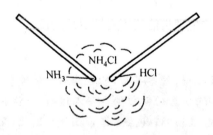

图5-2　氨与氯化氢的反应

根据此反应现象,常用浓盐酸(或浓氨水)来检验氨气(或氯化氢气)。NH_3 与硝酸、硫酸等反应,也可制得相应的铵盐。

$$NH_3+HNO_3=\!\!=\!\!=NH_4NO_3$$
$$2NH_3+H_2SO_4=\!\!=\!\!=(NH_4)_2SO_4$$

二、非金属氧化物

1. 二氧化硫与三氧化硫

(1)二氧化硫　二氧化硫(SO_2)是无色、有刺激性气味的气体,密度比空气大,容易液化,易溶于水。二氧化硫有毒,它是造成大气污染的主要有害物质之一。

• 与水反应

SO_2 是酸性氧化物,易溶于水生成亚硫酸(H_2SO_3),因此 SO_2 又叫亚硫酐。H_2SO_3 具有酸的通性,它不稳定,易分解,因此 SO_2 与水的反应是一个可逆反应。

$$SO_2 + H_2O \rightleftharpoons H_2SO_3$$

此外,SO_2 还可与碱、碱性氧化物反应。

• 与氧气反应

SO_2 在适当温度且有催化剂存在下,可被空气中的氧气氧化生成三氧化硫(SO_3)。

$$2SO_2 + O_2 \xrightarrow[400\sim500\text{℃}]{V_2O_5} 2SO_3$$

• SO_2 具有漂白性

SO_2 能与许多染料或有色物质进行反应,生成不稳定的无色物质。工业上常用 SO_2 的这种性能来漂白草制品、纸浆等原材料。

通过对 Cl_2 性质的学习,我们知道氯水具有漂白和杀菌消毒作用。在工业上,SO_2 常用来漂白纸浆、毛、丝、草帽等,也具有漂白作用。请查阅资料,说说 Cl_2 和 SO_2 的漂白作用是否相同。

(2)三氧化硫　通常情况下,三氧化硫(SO_3)是白色丝状易挥发的晶体,熔点 16.8 ℃,沸点 44.8 ℃。SO_3 是一种酸性氧化物,能与水发生剧烈反应生成硫酸,同时放出大量的热。

$$SO_3 + H_2O = H_2SO_4$$

伦敦地处泰晤士河开阔河谷之中的盆地。1952 年 12 月 5—8 日,全城浓雾,气温逆转,而且受冷高压的影响,曾出现过无风状态。因此,从家庭和工厂的烟囱中排出的 SO_2 烟尘,被逆温层封盖滞留在大气底层,造成了高达 4 000 人死亡的严重事件,出现的主要病症是呼吸困难、低烧等。这期间,家畜也在劫难逃,从 6 日晚到 7 日,约有 100 头牧牛患病,5 头死亡。这就是世界闻名的"伦敦烟雾事件"。

2. 一氧化氮和二氧化氮

1998 年的诺贝尔生理学或医学奖得主是三位医学教授,但他们获奖的主要研究成果却与化学有着极大的关系。他们发现,在人体的血管系统内,NO 具有传递信号的功能,即能让体内某部位的信号传送到另一个部位。也就是说,如果血管接受到扩张的信号后,血压就会降低。这项发现目前已应用于治疗心血管疾病药物的研发上。

一氧化氮(NO)不溶于水,在常温下很容易被空气中的氧气氧化,生成红棕色的、有刺激性气味的二氧化氮(NO_2)气体。NO 和 NO_2 都是大气污染的主要物质之一。

$$\underset{\text{(无色)}}{2NO} + O_2 = \underset{\text{(红棕色)}}{2NO_2}$$

生成的 NO_2 易与水结合,形成硝酸。

$$3NO_2 + H_2O = 2HNO_3 + NO$$

在雷雨天,大气中常有 NO 生成。据估算,每年因雷雨而渗入大地的氮肥约有 4 亿吨。

大气污染与环境保护

近年来,随着工业的发展,能源需求量的剧增,向大气中排放的各种污染物增加,使大气污染对人的危害也日益明显。同时,森林火灾、火山喷发、台风海啸等自然因素的作用,也使得大气的质量大大降低。因此,人类必须认识大气污染,以谋求对策,维护人类健康。

科学地说,大气污染指的是污染物数量超过其自净能力,引起大气质量的恶化,从而影响人体健康和生物生长的现象。现今,存在于大气中的污染物种类繁多,其类别大体见表5—2。

表5—2　大气污染物

污染物分类	污染物成分
颗粒物	炭粒、飞灰、$CaCO_3$、ZnO、PbO_2、Pb、Cd 等
硫化物	SO_2、SO_3、H_2S 等
氮化物	NO、NO_2、NH_3 等
氧化物	O_3、过氧化物、CO、CO_2 等
卤化物	Cl_2、HF、HCl 等
有机化合物	烃类、$HCHO$、有机酸、焦油、有机卤化物、酮类等

下面介绍几类主要污染物:

1. 总悬浮颗粒物

总悬浮颗粒物是指悬浮在大气中的液体或固体微粒的总称。其对生物的呼吸、空气的能见度以及气候因素等均造成不良影响,因此是大气中危害最明显的一类污染物。

大气中的悬浮物主要来自天然过程和人类活动,如火山喷发的烟气、各种来源的微生物、细菌、植物的花粉,以及固体物质的粉碎加工、火药爆炸、农药喷洒等。根据颗粒粒径的不同,直径大于 $10\ \mu m$ 的称为降尘,小于 $10\ \mu m$ 的称为飘尘。

对人体健康来说,降尘不易被人吸入,因而危害不大;飘尘能随呼吸进入人体,尤其是粒径为 $0.5\sim5\ \mu m$ 的飘尘,可以被吸入肺细胞而沉积,造成矽肺,危及生命;还可能进入血液送及全身,形成呼吸道疾病。有的还会吸附其他物质,引起二次污染。

2. 硫氧化物

硫氧化物(SO_x)主要指 SO_2 和 SO_3,其中 SO_2 是大气中分布很广、影响相当大的物质,因此常用它作为衡量大气污染的主要指标。

SO_2 主要来自含硫矿物燃料的燃烧,这些物质燃烧时主要生成 SO_2。SO_2 在太阳紫外线照射,并有 NO_x 存在时,可发生光化学反应,生成 SO_3 和硫酸雾。当空气中 SO_2 含量超过 0.2%(体积分数)时,会使嗓子变哑、喘息,甚至失去知觉。SO_2 不仅对生物产生危害,还会对名胜古迹、金属构件等造成严重的腐蚀及损害。

3. 氮氧化物

氮氧化物(NO_x)是指 NO、N_2O、NO_2、N_2O_3、N_2O_4 和 N_2O_5 等的总称,但造成大气污染

的氮氧化物主要指的是 NO 和 NO_2。

大气中氮氧化物最重要的污染来源是燃料燃烧和某些工业的生产过程。NO 能与血红素结合形成亚硝基血红素;NO_2 吸收紫外线后分解为 NO 和氧原子。后者可继续发生一系列反应,导致生成光化学烟雾(如图5—3所示),使危害加深。

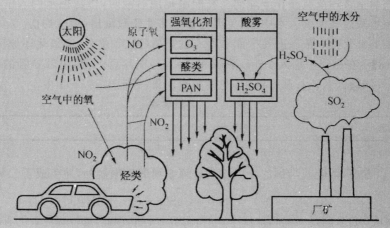

图5—3 光化学烟雾的形成(PAN为过氧乙酰硝酸酯)

大气中的 SO_x、NO_x 在一定条件下发生一系列的化学反应后,遇到水汽变成硫酸雾和硝酸雾,然后伴随雨雪降落到地面,形成酸雨。酸雨被称为"空中死神",它是指 pH 小于5.6的大气降水。酸雨的危害是多方面的,能直接破坏水生生态系统,使土壤、湖泊酸化,造成森林和水生生态系统衰退;对建筑材料和金属材料如工业设备、运输工具、电信电缆和名胜古迹等也有较强的腐蚀作用。酸雨对人类健康也构成严重威胁,研究表明:酸沉降是导致人类呼吸道疾病,包括肺癌发病率增高的主要因素。

大气污染的危害很广,主要有四个方面,即对人体健康的危害、对动植物的危害、对材料的危害和对大气的影响。为了保护自然生态和人类的健康,1987年9月,我国颁布了《大气污染防治法》,并规定从1988年6月1日起开始执行,同时制定了《大气环境质量标准》。

目前,由于大气污染物多半是由燃料的燃烧引起的,因此,为了防止大气污染,既要改变燃料的结构与成分,又要改进燃烧的条件,以尽量减少污染物的排放。例如,近几十年来对煤和石油的脱硫处理,或 SO_2 的综合利用,煤的液化或气化,均是减少污染的好方法。植树造林,绿化环境,不仅可以调节大气中 CO_2 和 O_2 的正常含量,而且对 SO_2、光化学烟雾等也有不同的吸收能力,同时对调节气温、防止噪声都能发挥重要作用。

三、硫酸和硝酸

1. 硫酸(H_2SO_4)及其性质

纯硫酸是无色、无嗅、难挥发的油状液体。市售浓硫酸的质量分数为98%,密度为1.84 g/cm³。硫酸是工业上重要的"三酸"之一。

在初中化学里,已经学过用金属与稀酸(稀硫酸或稀盐酸)反应制取氢气。那么,能不能用浓硫酸代替上述的稀硫酸呢?为什么?

(1)浓硫酸的脱水性 初中化学告诉我们,浓硫酸具有很强的腐蚀性,能从含碳、氢、氧元素的有机化合物中,把氢、氧两种元素按照组成水的比例夺取出来,使有机物炭化,这也是平时说的"脱水"。例如:

$$C_{12}H_{22}O_{11} \xrightarrow{\text{浓硫酸}} 11H_2O + 12C$$

所以,浓硫酸能严重地破坏动物组织,有强烈的腐蚀性,使用时要注意安全。

(2)**浓硫酸的吸水性** 浓硫酸对水有强烈的亲和作用,能与水以任意比例混溶,并放出大量热。因此,实验室常用浓硫酸作干燥剂。在配制硫酸溶液时,切勿把水倒入浓硫酸中,应该边搅动,边将浓硫酸缓缓地倒入水中,以免因局部过热使硫酸溅出,造成灼伤。

(3)**浓硫酸的氧化性** 浓硫酸几乎能和所有的金属(金、铂除外)起氧化还原反应。

【**实验5-3**】 在试管中加入 2 mL 浓硫酸,放入一铜片后,立即用带导管的胶塞塞紧,加热。把放出的气体通入紫色石蕊溶液中,观察实验现象,并记入表5-3中。

表 5-3 实验现象

现象	

从实验可以看出,浓硫酸与铜的反应除生成该金属的硫酸盐外,还生成了二氧化硫和水。

$$2H_2SO_4(\text{浓}) + Cu \xrightarrow{\triangle} CuSO_4 + SO_2 + 2H_2O$$

反应中,铜从 0 价升高到 +2 价,硫从 +6 价降低到 +4 价,因此,浓硫酸是氧化剂,铜是还原剂。

此外,在加热条件下,浓硫酸还能与一些非金属起氧化还原反应。例如:

$$2H_2SO_4(\text{浓}) + C \xrightarrow{\triangle} CO_2 + 2SO_2\uparrow + 2H_2O$$

值得注意的是,铝、铁、铬等金属在冷的浓硫酸中因被氧化在其表面生成了一层致密的氧化物膜,阻止金属继续与酸反应,这种现象叫做金属的钝化。工业上,利用这种钝化作用,把浓硫酸装在铁罐中储存和运输。

将铜片放入盛有少量浓硫酸的烧杯中,室温下观察不到明显的反应现象。对此,甲同学认为这是因为室温下铜与浓硫酸的反应速率很慢;乙同学认为这是钝化现象所致。你认为哪位同学的解释正确?请设计实验,证明自己的观点。

硫酸是最重要的化工产品之一,使用非常广泛。硫酸可用于生产化肥、农药、医药、染料、蓄电池(如图5-4所示)等,在冶金工业、机械制造业以及化纤、石油、制革工业上,都大量使用到硫酸。在实验室里,硫酸也是一种常用的试剂。

图 5-4 蓄电池

2. 硝酸(HNO_3)及其性质

纯硝酸是无色、易挥发、有刺激性气味的液体。一般市售浓硝酸质量分数约为 69%,质量分数大于 98% 的浓硝酸极易挥发,与空气中的水蒸气形成酸雾,故称发烟硝酸。

(1)浓硝酸的不稳定性　在光或热的作用下,浓硝酸不稳定,易发生分解。

$$4HNO_3 \xrightarrow[\text{或光照}]{\triangle} 2H_2O + 4NO_2 \uparrow + O_2 \uparrow$$

因此,通常将浓硝酸用棕色瓶盛放,保存在阴凉避光处。

(2)硝酸的氧化性　与浓硫酸一样,硝酸也具有氧化性,几乎能与所有金属(除金、铂等以外)和一些非金属发生氧化还原反应。

【实验5-4】　取 2 支试管,分别加入 2 mL 0.5 mol/L 稀硝酸和浓硝酸,再各放入一小片铜片,观察反应生成气体的颜色及溶液的颜色。

浓硝酸和稀硝酸都能与铜发生反应,前者反应激烈,有红棕色气体(NO_2)产生;后者反应缓慢,有无色气体(NO)产生,该气体在试管口又变成红棕色。反应方程式为

$$Cu + 4HNO_3(浓) == Cu(NO_3)_2 + 2NO_2 \uparrow + 2H_2O$$

$$3Cu + 8HNO_3(稀) == 3Cu(NO_3)_2 + 2NO \uparrow + 4H_2O$$

(3)硝酸用途　冷的浓硝酸也能使铝、铁等金属发生"钝化",因此可用铝槽车储运浓硝酸。

浓硝酸和浓盐酸的混合物(体积比为 1:3)称为"王水"。它的氧化能力更强,使一些不溶于硝酸的金属如金、铂等溶解。

此外,硝酸还使许多非金属如碳、硫、磷等氧化。例如:

$$4HNO_3(浓) + C(灼热) == CO_2 \uparrow + 4NO_2 \uparrow + 2H_2O$$

硝酸是重要的化工原料,也是工业上重要的"三酸"之一。硝酸有着广泛的用途,可以用来制造氮肥、农药、炸药、塑料和染料等。硝酸也是实验室里的一种常用试剂。

第三节　重要非金属离子的检验

一、氯离子的检验

盐酸和一切可溶性盐酸盐的溶液中,都含有氯离子(Cl^-)。Cl^- 在水溶液中是无色的,那么,我们怎样才能知道某溶液中是否含有 Cl^-？

通过下列实验,你能总结出检验 Cl^- 的方法吗?

【实验5-5】　在 3 支试管中分别加入 2 mL 稀盐酸、0.1 mol/L NaCl 溶液和 0.1 mol/L Na_2CO_3 溶液,然后各加几滴 0.1 mol/L $AgNO_3$ 试液,振荡,观察现象;再滴入几滴稀硝酸,观察现象,并记入表 5-4 中。

表 5-4　实验记录

	$AgNO_3$ 试液	滴入稀硝酸	化学方程式
稀盐酸			
NaCl 溶液			
Na_2CO_3 溶液			

由此可见,向溶液中加入 $AgNO_3$ 试液,如生成的白色沉淀不溶于稀硝酸,说明溶液中含

有 Cl^-。

如果溶液中含有可溶性的溴离子(Br^-)和碘离子(I^-),也可用同样的方法进行检验,只是生成沉淀的颜色不同。例如:

$$NaBr+AgNO_3 \xrightarrow{\quad} \underset{(淡黄色)}{AgBr}\downarrow+NaNO_3$$

$$NaI+AgNO_3 \xrightarrow{\quad} \underset{(黄色)}{AgI}\downarrow+NaNO_3$$

二、硫酸根离子的检验

通过下列实验,你能总结出检验 SO_4^{2-} 的方法吗?

【实验 5－6】　在分别盛有 2 mL 0.1 mol/L H_2SO_4、0.1 mol/L Na_2SO_4 溶液和 0.1 mol/L Na_2CO_3溶液的 3 支试管中,各滴入 2 滴 0.1 mol/L $BaCl_2$ 试液,观察有无沉淀生成。再向各试管中滴入少量稀盐酸,振荡试管,观察沉淀溶解情况,并记入表 5－5 中。

表 5－5　实验记录

	滴入 $BaCl_2$ 试液	滴入稀盐酸	化学方程式
H_2SO_4 溶液			
Na_2SO_4 溶液			
Na_2CO_3 溶液			

由此可见,向溶液中加入 $BaCl_2$ 试液,如生成的白色沉淀不溶于稀盐酸或稀硝酸,说明溶液中含有 SO_4^{2-}。

用途广泛的无机非金属材料

1. 玻璃

玻璃在日常生活中无处不在,如玻璃器具、玻璃门窗、玻璃花瓶、眼镜片等都是玻璃制品,玻璃在人们生活中应用普遍。

一般住宅的窗玻璃都是普通玻璃,制造的主要原料是纯碱(Na_2CO_3)、石灰石($CaCO_3$)和石英(SiO_2)。生产时,通常将原料粉碎并按适当比例混合后,放入玻璃熔炉中加热熔融,其中发生的主要反应是

$$Na_2CO_3+SiO_2 \xrightarrow{高温} Na_2SiO_3+CO_2\uparrow$$

$$CaCO_3+SiO_2 \xrightarrow{高温} CaSiO_3+CO_2\uparrow$$

由于原料中 SiO_2 的用量比较大,所以普通玻璃是 Na_2SiO_3、$CaSiO_3$、SiO_2 熔化在一起的物质,它的近似组成可表示为 $Na_2O\cdot CaO\cdot 6SiO_2$。玻璃是一种没有固定熔点的非晶体材料,受热后会逐渐软化,可以用吹制、拉制或辊压等多种方法加工成各种形状。常用的玻璃瓶和玻璃杯等都是由普通玻璃制造成的。

用不同原料,可制得各种性能不同、适于多种用途的玻璃,如用 K_2CO_3 代替 Na_2CO_3 可

制得熔点较高的钾玻璃,可制作化学仪器;用 PbO 代替 $CaCO_3$,可制得高密度和高折射率的光学玻璃。玻璃熔制时,少量金属氧化物的加入,可使玻璃呈现各种颜色。例如,加入 CuO 可使玻璃呈绿色,加入 Cu_2O 成红色,加入 CoO 成蓝色,加入铁的化合物成黄色,加入亚铁的化合物成绿色等。普通玻璃常带绿色,就是因为玻璃熔制时原料中含有亚铁的杂质,可加入少量 MnO_2 使之变为无色玻璃。

钢化玻璃是把普通玻璃加热到接近软化温度一段时间后,急速冷却制得的,它的机械强度比普通玻璃大 $4\sim6$ 倍,可用做汽车、火车、高层楼房的门窗玻璃等。此外,由普通玻璃制成的玻璃纤维、泡沫玻璃等可用做隔音、隔热和电气绝缘材料,制成的光导纤维除了用于电信传输外,还用于医疗、信息处理、传能传像、遥测遥控和照明等方面。

2. 陶瓷

陶瓷是我国古代劳动人民的伟大发明之一,是人类第一次学会用黏土等天然物质做原料,通过物理方法和化学反应制造出来的一种有用的人造材料。在我国,陶瓷制造业在唐代就很发达。江西景德镇和湖南醴陵的瓷器闻名于世界,著名的秦兵马俑就是陶制品。日常生活中的部分餐具、化学实验室中的蒸发皿、坩埚等也都是陶瓷的。

按原料和用途,陶瓷可分为普通陶瓷和特殊陶瓷两大类。普通陶瓷是由黏土、长石和石英等天然原料经塑型、烧制而成,主要用于日常生活中(如日用陶瓷、卫生陶瓷、建筑陶瓷)和工业上(如电瓷、耐酸陶瓷等)。特殊陶瓷是用人工化合物(如氧化物、氮化物、碳化物等)为原料烧制成的,因其独特的性能,可满足工程上的特殊需要,在化工、冶金、电子、机械和某些新技术项目上应用广泛。

几种特殊陶瓷的性能与用途,见表5—6。

表 5—6　几种特殊陶瓷的性能与用途

分类	性能	用途
高温结构陶瓷	耐高温,耐氧化,耐磨蚀等	涡轮叶片、发动机部件、洲际导弹的端头、火箭发动机的燃烧室等
透明陶瓷	耐高温,绝缘性好,良好的光学性能	防弹玻璃、坦克的观察窗、高压钠灯的灯管等
压电陶瓷	实现机械能与电能的相互转化	通话器、声呐探伤器和点火器等
磁性瓷、生物陶瓷	磁学、机械和多孔性能	磁芯、磁头、磁铁、人造骨(关节)、瓷牙

此外,超导陶瓷已成了世界各国研制的热点之一。目前,我国在高温超导材料的研究领域处于世界先进水平。

3. 水泥

水泥是工程建设中最重要的建筑材料之一,素有"建筑工业的粮食"之称。生产过程中,以石灰石和黏土为主要原料,经研磨、混合后放入水泥回转窑中高温煅烧,然后加入适量石膏以调节水泥的硬化速度。这种水泥的主要成分是硅酸三钙($3CaO \cdot SiO_2$)、硅酸二钙($2CaO \cdot SiO_2$)和铝酸三钙($3CaO \cdot Al_2O_3$)等。

水泥和适量的水搅拌后,可制成任意形状的构筑物,它在空气和水中能逐渐硬化,并能把碎石、沙子等牢固地黏合在一起,形成具有高机械强度的石状材料,且具有耐酸性、快硬性等许多优异的技术性能,是建房屋、筑堤坝、造桥梁、修水库等不可缺少的材料,用途十分广泛。

硅酸盐水泥熟料的颜色,主要取决于水泥中 Fe_2O_3 的含量。当 Fe_2O_3 含量降低到 0.35%～0.40%(质量分数)时,熟料接近白色。彩色硅酸盐水泥简称彩色水泥,分为两类:一类是白色硅酸盐水泥熟料、适量石膏和碱性颜料共同磨细制成。其中,颜料的化学组成既不受水泥影响,也不会对水泥的组成和性能起破坏作用,不同价态铁的氧化物可形成红、黄、褐、黑等颜色;另一类是在白色水泥的生料中加入少量着色剂(如 CoO 蓝色、MnO_2 紫色等),直接烧成彩色水泥熟料,然后加入石膏磨细而成。水泥的品质主要取决于它的细度、凝结时间、标号与强度、水化热、MgO 的含量等。

4. 硅材料

硅材料是重要的半导体材料,它的产量和用量标志着一个国家的电子工业水平。

在研究和生产过程中,硅材料与硅器件是相互促进的。1950 年制造出的第一只硅晶体管,极大地提高了人们对制备优质单晶硅的兴趣。对硅中微量杂质处理进行一段时间的研究后,1956 年研究成功用氢还原三氯化硅法生产纯硅,该法成为一种主要的生产纯硅的方法。硅整流器与硅闸流管的问世促使硅材料的生产一跃而居半导体材料的首位。硅外延生长单晶技术和硅平面工艺的出现,不但使硅晶体管制造技术趋于成熟,而且促使集成电路迅速发展。

硅是人类将太阳能转化为电能的常用材料。利用高纯单质硅的半导体性能,可以制成光电池,将光能直接转化成电能。光电池在人造卫星、火星探测器、计算器、太阳能电动汽车等都有广泛的应用,是一种有着极为广阔的发展前景的新型能源。

 每章一练

一、选择题

1. 浓硝酸应避光保存,是因为它具有(   )。

A. 强氧化性   B. 不稳定性   C. 强酸性   D. 挥发性

2. 常温下,能使金属铁、铝发生钝化的是(   )。

A. 氢硫酸   B. 浓盐酸   C. 浓硝酸   D. 稀硫酸

3. 下列物质中,不能与铜发生反应的是(   )。

A. 浓硝酸   B. 浓硫酸   C. 稀硝酸   D. 稀盐酸

二、简答题

1. 氯气可用于自来水的杀菌消毒,请用化学方程式或文字简述理由。

2. 使用漂白粉作漂白剂,与使用氯水相比较有何优点?

3. 新制备的氯水和长久搁置的氯水在成分上有什么不同?

4. 200 g H_2 在 400 g Cl_2 中充分反应后,可生成多少克氯化氢?

5. 各举一例说明硫、氮气与金属的反应,写出相应的化学方程式。

6. 解释下列现象。

(1) 浓硫酸放在敞口容器中,质量会增大。

(2) 铜与浓硫酸反应,不产生 H_2,而产生 SO_2。

(3) 蔗糖与浓硫酸作用会炭化。

7. 写出下列变化的化学方程式

$S \rightarrow SO_2 \rightarrow SO_3 \rightarrow H_2SO_4 \rightarrow CuSO_4 \rightarrow Cu$

8. 下列各组物质之间能否发生反应？若能反应,请写出发生反应的化学方程式。

(1)盐酸和氢氧化钠

(2)氯化铵和硝酸银

(3)氯化铵和氢氧化钾

(4)铜和稀硝酸

(5)硫酸钾和氯化钠

9. 有三瓶无色溶液,分别是 NaCl、NaBr 和 KI 的溶液,请用化学方法进行鉴别,并写出相关反应的化学方程式。

10. 检验 Cl^- 时,为什么滴加 $AgNO_3$ 试液后,还要再加稀硝酸呢?

几种金属及其重要化合物

 **本章概述**

中国是世界上科技文化发展较早的国家之一。我们的祖先为人类留下了丰富的文化遗产,其中青铜文化、冶铁铸铁技术等是我国古代文化遗产中重要的组成部分。几千年前,人们就开始把金、银、铜、铁、锡等5种金属合称为"五金"。

在现代社会中,金属在工业、农业、国防、科学技术以及人民生活等各方面都起着十分重要的作用。

在这一章,我们先学习一些有关金属概述的知识,然后学习几种金属及其重要化合物。

 **教学目标**

1. 了解金属的物理性质和化学性质。
2. 掌握钠的物理性质、化学性质及其重要化合物。
3. 熟悉铝、铁的物理性质、化学性质及其重要化合物。
4. 了解硬水及其软化。

第一节　金属及其性质概述

一、金属的物理性质

在常温下,除汞以外,金属一般都是晶体。在晶体中,金属原子好像很多硬球有规则地、一层一层很紧密地排列在一起。是什么力使金属原子结合在一起的呢?这是由于金属原子容易失去某些最外层电子而形成金属离子,脱离了原来原子的"自由电子"以很快的速率在整个晶体中运动。金属离子和自由电子之间存在着较强的作用,因而使许多金属离子结合在一起形成晶体。金属单质的物理性质往往与它的晶体结构有关。

1. 金属的光泽和颜色

金属具有不同的颜色,除金、铜、铋等少数金属外,大多数金属呈银白色。金属都是不透明的,整块金属具有金属光泽,但金属处于粉末状态时,常显示不同的颜色。

2. 金属的传导性

金属一般都是电和热的良导体。其中银和铜的传热、导电性能最好,铝的导电性能也很好。这就是铜和铝常被用做输电线的主要原因。金属的导电性能和传热性能由强到弱的顺序大致如下:

银、铜、金、铝、锌、铁、铂、锡、铅

3. 金属的延展性

大多数金属可以被抽成丝或压成薄片，还可以锻造、冲压、轧制成各种不同的形状。不同的金属，延展性不同，其中以金的延展性最好，最薄的金箔只有 1/10 000 mm 厚。也有少数金属的延展性很差，如锑、铋、锰等，它们受到敲打时，就破碎成小块。

4. 金属的密度、硬度、熔点

金属的密度、硬度、熔点等性质的差别很大。图 6—1、表 6—1、图 6—2 分别表示几种常见金属的密度、硬度和熔点。

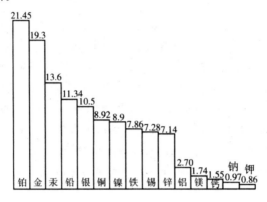

图 6—1 几种金属的密度/(g·cm⁻³)

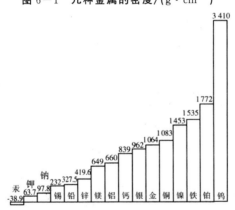

图 6—2 几种金属的熔点/℃

表 6—1 几种金属的硬度跟金刚石硬度的比较

物质	金刚石	铬	铂	铁	银	铜	金	铝	锌	镁	锡	铅	钙	钾	钠
硬度	10	9	4.3	4~5	2.5~4	2.5~3	2.5~3	2~2.9	2.5	2.0	1.5~1.8	1.5	1.5	0.5	0.4

在人类已经发现的一百多种元素里，大约有 4/5 是金属元素。在元素周期表里，金属元素位于每个周期的前部。从图 6—3 可以看出，在每一周期中，Al、Ge、Sb、Po 和位于它们左边的元素都是金属元素。

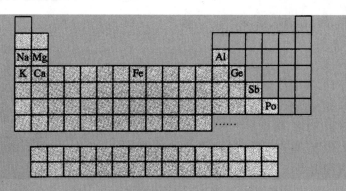

图6－3　金属元素(图中灰网部分)在元素周期表中的分布

　　金属在自然界里分布很广,无论在矿物、动植物中,还是在自然界水域中,都可以发现金属元素的存在。由于金属的化学性质不同,它们存在的形式也不同,少数化学性质不活泼的金属,在自然界中能以单质的形式存在,化学性质活泼的金属总是以化合物的形式存在。

　　金属有不同的分类方法,例如,在冶金工业上,把金属分为黑色金属(铁、铬、锰)和有色金属(铁、铬、锰以外的金属)两大类。又如,可以根据金属的密度来分类,把密度小于4.5 g/cm³的金属叫做轻金属,把密度大于4.5 g/cm³的金属叫做重金属。再如,人们还常常把金属分为常见金属(如铁、铜、铝等)和稀有金属(如锆、铪、铌、钽等)。

二、金属的化学性质

　　1. 金属的化学性质与原子结构的关系

　　金属元素的化学性质与它的原子结构有很大关系。我们已经知道,多数金属元素的原子的最外层电子数少于4个,金属原子一般原子半径较大,核对最外层电子的引力较小。因此,在发生化学反应时,它们的最外层电子较容易失去(或所形成的共用电子对偏向于非金属元素的原子)。因此,金属的最主要的化学性质是容易失去电子变成金属阳离子,表现出还原性。如果用M表示某金属元素,则有如下关系式:

$$M - ne^- \longrightarrow M^{n+}$$

　　2. 金属的活动性

　　各种金属的原子失去电子的难易程度不同,因此,它们的活动性也不同。

　　• 对主族元素来说,同周期金属元素的活动性从左到右逐渐减弱。例如,第三周期的钠、镁、铝的金属活动性性逐渐减弱。

　　• 而同主族元素的金属活动性从上到下逐渐增强。例如,钾的金属活动性比钠的强,钙的金属活动性比镁的强。

　　在讨论金属的化学性质时,常常涉及金属跟非金属的反应、跟水的反应、跟酸的反应、跟盐的反应、跟碱的反应等。但由于不同金属的活动性往往差别很大,因此,研究金属的化学性质需要结合具体情况来进行。

三、合金及其应用

　　在工农业生产和日常生活中,我们很少使用纯金属,而主要使用合金。青铜是人类历史上使用最早的合金,至今已有三千多年的历史。世界上最常见的,用量最大的合金是钢。

　　合金虽是由两种或两种以上的金属(或金属跟非金属)熔合而成的具有金属特性的物质,

但一般来说,合金的性质并不是各成分金属性质的总和。

合金具有许多良好的物理、化学或机械的性能,在许多方面优于各成分金属。例如,合金的硬度一般比它的各成分金属的大,熔点一般也比它的主要成分金属的低。

合金的化学性质也与成分金属不同,使用不同的原料,改变原料的配比以及改变生成合金时的条件等,可以制得具有不同性能的合金。所以,合金在工业上的用途比纯金属更广。表6—2列出了几种常见的合金的组成、性质和用途。

表6—2 几种常见的合金的组成、性质和用途

合金名称	组 成	主要性质	主要用途
镁铝合金	含有10%～30%的镁	强度和硬度都比纯铝和纯镁大	火箭、飞机、轮船等制造业
硬铝	含铜4%、镁0.5%、锰0.5%、硅0.7%	强度和硬度都比纯铝大	火箭、飞机、轮船等制造业
合金钢	加入硅、锰、铬、镍、钼、钨、钒、钛、铜、稀土元素等	多种优良性能	用途广泛
锰钢	含锰9%～14%	硬度和强度很大	制造粉碎机、球磨机、钢轨
黄铜	含锌20%～36%,常加入少量锡、铅、铝	有良好的强度和塑性、易加工、耐腐蚀	机器零件、仪表和日用品
青铜	含锡10%～30%	有良好的强度和塑性、耐磨、耐腐蚀	机器零件如轴承、齿轮等
钛合金	含铝6%、钒4%	耐高温、耐腐蚀、高强度	用于宇航、飞机、造船、化学工业
金合金	加入银、铜、稀土元素等	有光泽、易加工、耐磨、耐腐蚀、易导电	金饰品、电子元件、钱币、笔尖

四、金属的回收及资源保护

地球上的金属矿产资源是有限的,而且是不能再生的,随着人们的不断开发利用,矿产资源将会日渐减少,如何解决这一难题呢?

金属制品在使用过程中会被腐蚀或损坏,同时由于生产的发展,新的产品要不断替代旧的产品,因而每年就有大量废旧金属产生。废旧金属是一种固体废弃物,会污染环境,应该怎样解决这类问题呢?

最好的解决办法是把上面的两个问题结合在一起考虑,即把废旧金属作为一种资源,加以回收利用。这样做,既减少了垃圾量,防止污染环境,又缓解了资源短缺的矛盾。据估算,回收一个铝饮料罐比制造一个新铝饮料罐便宜20%,而且可节约95%的能源。

回收的废旧金属,大部分可以重新制成金属或它们的化合物再用。例如,废旧钢铁可以用于炼钢,废铁屑等可以用于制铁盐,从电解精炼铜的阳极泥中,可回收金、银等贵金属,从电影

业、照相业、科研单位和医院 X 光室回收的定影液中，可以提取金属银。

第二节　钠及其重要化合物

锂(Li)、钠(Na)、钾(K)、铷(Rb)、铯(Cs)、钫(Fr)都属于元素周期表的第ⅠA族，通常称为碱金属元素。在本节主要学习有关钠的一些知识。

一、钠的物理性质

【实验6—1】　取一小块金属钠，擦干表面煤油后，用小刀切去金属钠的表层，观察钠的颜色。把切去表层的金属钠放置在滤纸上，留待下面的实验用，如图6—4所示。

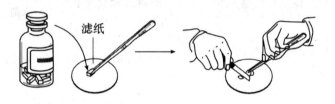

滤纸

图 6—4　切割钠

金属钠很软，可以用刀切割，新切开的剖面呈银白色，有美丽的金属光泽。钠的熔点很低，密度很小，是热和电的良导体，它是一种轻金属。

表6—3列出了钠的一些性质。

表 6—3　钠的性质

元素名称	元素符号	核电荷数	原子结构示意图	单质的物理性质					
				颜色	状态	密度 /(g·cm^{-3})	硬度	熔点 /℃	沸点 /℃
钠	Na	11	(+11) 2 8 1	银白	固	0.97	小	97.81	882.9

二、钠的化学性质

钠位于元素周期表中的第ⅠA族，第二周期。它的原子结构示意图可见表6—3。可以看出，它的最外电子层上只有1个电子，在化学反应中这个电子容易失去，因此单质的化学性质非常活泼，表现出很强的还原性。

1. 钠与非金属的反应

【实验6—2】　观察用刀切开的钠的表面所发生的变化。把一小块钠放在石棉网上加热，观察发生的现象。

实验表明，新切开的钠的光亮的表面很快就变暗。这是由于钠与氧气等发生反应，在钠的表面生成了一薄层化合物所造成的。

钠与氧气反应可以生成白色的氧化钠，但氧化钠不稳定。钠与充足的氧气剧烈反应生成过氧化钠,过氧化钠比较稳定。所以,钠在空气中燃烧,生成的是过氧化钠,并发出黄色的火焰,如图6-5所示。

$$2Na + O_2 \xrightarrow{\text{点燃}} Na_2O_2$$

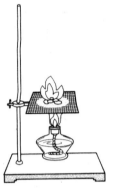

图6-5 钠在空气中燃烧

钠除了能与氧气直接化合外,还能与氯气、硫等很多非金属直接化合。例如,钠与硫化合时甚至发生爆炸,生成硫化钠。

$$2Na + S = Na_2S$$

2. 钠与水的反应

【实验6-3】 向一个盛有水的小烧杯里滴入几滴酚酞试液,然后把一小块(约为黄豆粒大)钠投入小烧杯,如图6-6所示。观察反应的现象以及溶液颜色的变化。

图6-6 钠与水的反应

【实验6-4】 在一个空塑料瓶中加入约3/4体积的水,用手挤压瓶子,使水面上升至近瓶口,排走瓶中的大部分空气。在胶塞上固定一根大头针,用针扎起一块黄豆粒大小的金属钠,迅速用胶塞塞住挤瘪的瓶口,倒置(如图6-7),并不断摇动塑料瓶。待反应完全后,反应产生的气体使挤瘪的瓶子复原,取下塞子,迅速用拇指堵住瓶口,并将瓶口移近火焰,检验钠与水反应所生成的气体。

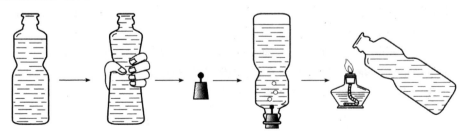

图6-7 检验钠与水反应所生成的气体示意图

①将钠投入水中时,钠浮在水面上还是沉入水下,为什么?

②钠是否熔成一个小球?还有什么现象发生?为什么?

③反应后溶液的颜色有什么变化?生成的气体是什么?说明钠与水反应生成了什么?

通过讨论,我们可以得出钠的密度比水小、钠与水的反应是放热反应,以及反应后生成了氢氧化钠和氢气等结论。

$$2Na+2H_2O=2NaOH+H_2\uparrow$$

钠很容易跟空气中的氧气和水起反应,因此,在实验室中通常将钠保存在煤油或石蜡里。由于钠的密度比煤油大,所以,钠沉在煤油下面,将钠与氧气和水隔绝。

三、钠的重要化合物及其用途

钠的化合物在自然界分布很广,用途也很多。这里重点学习氢氧化钠、碳酸钠和碳酸氢钠。

1. 氢氧化钠($NaOH$)

氢氧化钠是一种最常用的碱,俗名火碱、烧碱、苛性钠。它是一种极易溶于水的白色固体,在空气中易潮解。

氢氧化钠是一种重要的化工原料,广泛用于石油、造纸、纺织、印染、制皂等工业上。

2. 碳酸钠(Na_2CO_3)和碳酸氢钠($NaHCO_3$)

(1)碳酸钠(Na_2CO_3)　俗名纯碱或苏打,是白色粉末。碳酸钠晶体含结晶水,化学式是$Na_2CO_3\cdot10H_2O$。在空气里碳酸钠晶体很容易失去结晶水,并渐渐碎裂成粉末。失水以后的碳酸钠叫做无水碳酸钠。

(2)碳酸氢钠($NaHCO_3$)　俗名小苏打,是一种细小的白色晶体。碳酸钠比碳酸氢钠容易溶解于水。

碳酸钠和碳酸氢钠都能与盐酸反应放出二氧化碳:

$$Na_2CO_3+2HCl=2NaCl+H_2O+CO_2\uparrow$$
$$NaHCO_3+HCl=NaCl+H_2O+CO_2\uparrow$$

【实验6-5】　在两支试管中分别加入 3 mL 稀盐酸,将两个各装有 0.3 g Na_2CO_3 或 $NaHCO_3$ 粉末的小气球分别套在两支试管口。将气球内的 Na_2CO_3 和 $NaHCO_3$ 同时倒入试管中,观察反应现象(如图6-8)。

从上述实验可以得知,$NaHCO_3$ 和 Na_2CO_3 都能与 HCl 溶液起反应,但 $NaHCO_3$ 与 HCl 溶液的反应要比 Na_2CO_3 与 HCl 溶液的反应剧烈得多。

【实验6-6】　把 Na_2CO_3 放在试管里,约占试管容积的 1/6,往另一支试管里倒入澄清的石灰水(如图6-9),然后加热,观察澄清的石灰水是否起变化。换上一支放入同样容积 $NaHCO_3$ 的试管,加热,观察澄清石灰水的变化。

从上述实验可得知,Na_2CO_3 受热没有变化,而 $NaHCO_3$ 受热后放出了 CO_2。这个实验说明 Na_2CO_3 很稳定,而 $NaHCO_3$ 却不太稳定,受热容易分解。

可以利用这个反应来鉴别 Na_2CO_3 和 $NaHCO_3$。

$$2NaHCO_3\xrightarrow{\triangle}Na_2CO_3+H_2O+CO_2\uparrow$$

如何鉴别 Na_2CO_3、$NaHCO_3$ 和 $NaCl$?

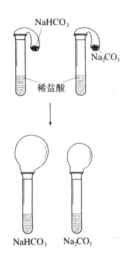

图 6-8　Na_2CO_3、$NaHCO_3$ 与稀盐酸的反应

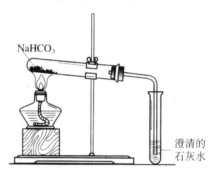

图 6-9　鉴别 Na_2CO_3 和 $NaHCO_3$

碳酸钠是化学工业的重要产品之一,有很多用途。它广泛地用于玻璃、制皂、造纸、纺织等工业中,也可以用来制造钠的其他化合物。碳酸氢钠是焙制糕点所用的发酵粉的主要成分之一。在医疗上,它是治疗胃酸过多症的一种药剂。

侯氏制碱法

碳酸钠用途非常广泛。虽然人们曾先后从盐碱地和盐湖中获得碳酸钠,但仍不能满足工业生产的需要。

1862 年,比利时人索尔维(Frnest Solvay,1838—1922)发明了以食盐、氨、二氧化碳为原料制取碳酸钠的"索尔维制碱法"(又称氨碱法)。此后,英、法、德、美等国相继建立了大规模生产纯碱的工厂,并组织了索尔维公会。对会员以外的国家实行技术封锁。第一次世界大战期间,欧亚交通梗塞。由于我国所需纯碱都是从英国进口的,一时间,纯碱非常缺乏,一些以纯碱为原料的民族工业难以生存。1917 年,爱国实业家范旭东在天津塘沽创办了永利碱业公司,决心打破洋人的垄断,生产出中国的纯碱。他聘请正在美国留学的侯德榜先生出任总工程师。

1920 年,侯德榜先生毅然回国任职。他全身心地投入制碱工艺和设备的改进上,终于摸索出了索尔维法的各项生产技术。1924 年 8 月,塘沽碱厂正式投产。1926 年,中国生产的"红三角"牌纯碱在美国费城的万国博览会上获得金质奖章。产品不但畅销国内,而且远销日本和东南亚。

针对索尔维法生产纯碱时食盐利用率低,制碱成本高,废液、废渣、污染环境和难以处理等不足,侯德榜先生经过上千次试验,在1943年研究成功了联合制碱法。这种方法把氯化铵和纯碱两种产品联合生产。提高了食盐利用率,缩短了生产流程,减少了对环境的污染,降低了纯碱的成本。联合制碱法很快为世界所采用。

由于侯德榜对制碱技术做出了重大贡献,所以人们把他所发明的联合制碱法称作"侯氏制碱法"。他本人也荣获"中国工程学会化工贡献最大者奖",并被聘为英国化学工业学会名誉会员,以及英国皇家学会和美国化学工程学会荣誉会员。

侯德榜先生对英、法、德、美等国垄断技术十分愤慨,将自己多年来研究制碱技术的心得写成《纯碱制造》一书,于1933年在美国出版,将保密达70年之久的索尔维法公诸于世,为中外学者所钦佩。该书被誉为首创的制碱名著,为祖国争得了荣誉。

四、焰色反应

在日常生活中我们发现,当把少量食盐或盐水洒在炉火上时,火焰会呈黄色。事实上,很多金属,如锂、钾、钙、锶、钡、铜等以及它们的化合物在被灼烧时,都会使火焰呈现特殊的颜色,这在化学上叫做焰色反应(flame test)。

【实验6—7】 把铂丝(也可以用光洁无锈的铁丝或镍、铬、钨丝等)放在酒精灯(最好用煤气灯,它的火焰颜色较浅)的火焰上灼烧(如图6—10),等到跟原来的火焰颜色相同的时候,用铂丝蘸碳酸钠溶液,放在火焰上灼烧,可以看到火焰呈黄色。每次试验完后都要用稀盐酸洗净铂丝,重新在火焰上灼烧到跟原来的火焰颜色相同,再分别蘸碳酸钾溶液、氯化钾溶液、氯化铜溶液、氢氧化钙溶液做实验,观察火焰的颜色。在观察钾盐溶液的火焰颜色时,要透过蓝色的钴玻璃观察,这样就可以滤去黄色的光,避免碳酸钾里钠的杂质所造成的干扰,这时观察到的焰色为紫色。

图6—10 焰色反应

我们还可以看到,蘸氯化铜溶液灼烧时,火焰呈绿色;蘸氢氧化钙溶液灼烧时,火焰呈砖红色。根据焰色反应所呈现的特殊颜色,可鉴定这些金属或金属离子的存在。试验时也可用铂丝蘸一些被测物质的粉末灼烧并加以对比。表6—4列出了几种金属或金属离子焰色反应的颜色。

表6—4 几种金属或金属离子焰色反应的颜色

钠	钾	锂	铷	钙	锶	钡	铜
黄色	紫色 (透过蓝色钴玻璃)	紫红色	紫色	砖红色	红色	黄绿色	绿色

节日夜晚燃放的五彩缤纷的焰火中,就含有某些金属或它们的化合物。当燃放时,各种金属的焰色反应使得夜空呈现出各种鲜艳的色彩,构成美丽的图案。

第三节　铝及其重要化合物

一、铝的物理性质

铝的某些性质见表6—5。

表6—5　铝的性质

元素名称	元素符号	核电荷数	原子结构示意图	单质的物理性质					
				颜色	状态	密度/(g·cm^{-3})	硬度	熔点/℃	沸点/℃
铝	Al	13		银白	固	2.70	较软	660.4	2 467

结合日常生活常识,并根据表6—5、金属的通性及元素周期律知识,讨论以下问题:

①铝有哪些用途?

②铝属于哪类金属?

③铝位于元素周期表的第几周期第几族?

④在表6—5中画出铝的原子结构示意图。

铝位于第三周期的第ⅢA族,它是银白色的轻金属,有较强的韧性和延展性,有良好的导电、导热性。但纯铝的硬度、强度较低,不适于制造机器零件。在铝中加入一些其他元素,如镁、硅、铜、锌、锰等可以制成多种质轻、坚韧、机械性能好、用途广泛的合金。

　　铝是大家非常熟悉的元素,现代生活离不开铝。铝有许多优良的性能,因此在各方面有着极其广泛的用途。化工厂里有铝制的各种管道、反应器;电力工业上有大量铝制电器、输电线;交通上有铝合金制的飞机、车辆、轮船;建筑业上用铝作建筑材料;家庭里有铝制炊具、生活用具等。

二、铝的化学性质

回忆元素周期律和原子结构知识,讨论铝有哪些主要化学性质。

铝元素的原子最外层有3个电子。在参加化学反应时,铝原子容易失去最外层电子成为阳离子。

$$Al - 3e^- \longrightarrow Al^{3+}$$

铝是比较活泼的金属,具有较强的还原性,它能与非金属、酸等物质起反应。铝还可以与强碱溶液起反应。

1. 铝与非金属反应

在常温下,铝能与空气里的氧气起反应,生成一层致密而坚固的氧化物薄膜,从而使铝失去光泽。由于这层氧化物薄膜能阻止金属的继续氧化,因此,铝有抗腐蚀的性能。铝制的器皿不宜用钢刷、沙或灰擦洗。

我们已经知道镁条能够在空气里燃烧。铝能不能燃烧呢？让我们观察下述实验。

【实验6－8】 把 2 cm×5 cm 铝箔的一端固定在粗铁丝上,另一端裹一根火柴。点燃火柴,待火柴快燃尽时,立即把铝箔伸入盛有氧气的集气瓶中(集气瓶底部要放一些细沙,如图6－11),然后观察现象。

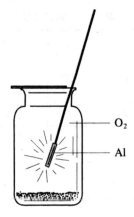

图 6－11　铝箔的燃烧

可以看到,铝箔在氧气里剧烈燃烧,放出大量的热和耀眼的白光,反应生成三氧化二铝。

$$4Al+3O_2 \xrightarrow{\text{点燃}} 2Al_2O_3$$

铝除能与氧气发生反应外,在加热时还能与其他非金属如硫、卤素等起反应。

2. 铝与酸反应

铝能与稀硫酸和稀盐酸反应生成氢气。

$$2Al+6H^+ === 2Al^{3+}+3H_2\uparrow$$

在常温下,在浓硫酸或浓硝酸里铝的表面被钝化,生成坚固的氧化膜,可以阻止反应的继续进行。因此,可以用铝制的容器装运浓硫酸或浓硝酸。

3. 铝与某些氧化物反应

由于酸、碱、盐等可直接腐蚀铝制品,铝制餐具不宜用来蒸煮或长时间存放具有酸性、碱性或咸味的食物。

铝在一定条件下,能与氧化铁发生氧化还原反应。

【实验6－9】 用两张圆形滤纸分别折叠成漏斗状,套在一起,使四周都有四层。把内层漏斗取出,在底部剪一个孔,用水润湿,再跟另一纸漏斗套在一起,架在铁圈上(如图6－12),下面放置盛沙的蒸发皿。把 5 g 炒干的氧化铁粉末和 2 g 铝粉混合均匀,放在纸漏斗中,上面加少量氯酸钾并在混合物中间插一根镁条,用小木条点燃镁条。观察发生的现象。

通过实验可以看到,镁条剧烈燃烧,放出一定的热量,使氧化铁粉末和铝粉在较高的温度下发生剧烈的反应。这个反应放出大量的热,并发出耀眼的光芒。还可以看到,纸漏斗下部被烧穿,有熔融物落入沙中。待熔融物冷却后,除去外层熔渣,仔细观察,可以发现落下的是铁

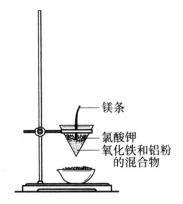

图 6－12 铝热反应的实验装置

珠。这个反应叫铝热反应。反应生成 Al_2O_3 和 Fe。

$$2Al+Fe_2O_3 \xrightarrow{\text{高温}} 2Fe+Al_2O_3$$

铝热反应原理可以应用在生产上,如用于焊接钢轨等。在冶金工业上也常用这一反应原理,使铝与金属氧化物反应,冶炼钒、铬、锰等。如

$$3MnO_2+4Al \xrightarrow{\text{高温}} 2Al_2O_3+3Mn$$

4. 铝与碱反应

很多金属能与酸起反应,但大多数金属不能与碱反应,铝遇到碱时能不能发生反应呢?

【实验 6－10】 在两支试管里分别加入 5 mL 浓 NaOH 溶液,再各放入一小段铝片和镁条,观察实验现象。用点燃的木条分别放在两支试管口,有什么现象发生?

通过实验看到,镁不能与 NaOH 溶液反应。铝能与 NaOH 反应,并放出一种可燃性气体,这种气体是氢气,同时生成偏铝酸钠($NaAlO_2$)。反应的化学方程式为

$$2Al+2NaOH+2H_2O = 2NaAlO_2+3H_2\uparrow$$

5. 氧化铝(Al_2O_3)

铝土矿可用来提取纯的氧化铝。氧化铝是一种白色难熔的物质,是冶炼金属铝的原料,也是一种比较好的耐火材料。它可以用来制造耐火坩埚、耐火管和耐高温的实验仪器等。

在学习元素周期律知识时,我们曾做过氧化铝既能溶于酸,又能溶于碱溶液的实验。氧化铝是典型的两性氧化物。新制备的氧化铝不仅可以与酸起反应生成铝盐,而且还能与碱起反应生成偏铝酸盐。

$$Al_2O_3+6HCl = 2AlCl_3+3H_2O$$
$$Al_2O_3+2NaOH = 2NaAlO_2+H_2O$$

6. 氢氧化铝〔$Al(OH)_3$〕

氢氧化铝是几乎不溶于水的白色胶状物质。它不仅能凝聚水中悬浮物,而且又有吸附色素的性能。在实验室里可以用铝盐溶液与氨水的反应来制取氢氧化铝。

【实验 6－11】 在试管里加入 10 mL 0.5 mol/L $Al_2(SO_4)_3$ 溶液,滴加氨水,生成白色胶状 $Al(OH)_3$ 沉淀。继续滴加氨水,直到不再产生沉淀为止。过滤,用蒸馏水冲洗沉淀,可得到较纯净的 $Al(OH)_3$。取少量 $Al(OH)_3$ 沉淀放在蒸发皿中,加热。观察 $Al(OH)_3$ 的分解。

上述反应可以表示如下:

$$Al_2(SO_4)_3+6NH_3\cdot H_2O = 2Al(OH)_3\downarrow+3(NH_4)_2SO_4$$

$$2Al(OH)_3 \xrightarrow{\triangle} Al_2O_3+3H_2O$$

【实验6-12】 把上面实验中制得的 $Al(OH)_3$ 沉淀分装在两支试管里,向一支试管里滴加 2 mol/L 盐酸,向另一试管里滴加 2 mol/L 氢氧化钠溶液。边加边振荡,直至沉淀完全溶解。

实验表明,$Al(OH)_3$ 在酸或强碱的溶液里都能溶解。这说明它既能与酸起反应,又能与强碱溶液起反应,是典型的两性氢氧化物。这两个反应可表示如下:

$$Al(OH)_3 + 3HCl == AlCl_3 + 3H_2O$$

$$Al(OH)_3 + NaOH == NaAlO_2 + 2H_2O$$

7. 硫酸铝钾〔$KAl(SO_4)_2$〕

硫酸铝钾是由两种不同的金属离子和一种酸根组成的化合物,它电离时能产生两种金属阳离子。

$$KAl(SO_4)_2 == K^+ + Al^{3+} + 2SO_4^{2-}$$

十二水合硫酸铝钾〔$KAl(SO_4)_2 \cdot 12H_2O$〕的俗名是明矾。明矾是无色晶体,易溶于水,与水发生水解反应,它的水溶液显酸性。

$$Al^{3+} + 3H_2O == Al(OH)_3(胶体) + 3H^+$$

明矾水解所产生的胶状的 $Al(OH)_3$,其吸附能力很强,可以吸附水里的杂质,并形成沉淀,使水澄清。所以明矾常用做净水剂。

第四节 铁及其重要化合物

一、铁的化学性质

1. 铁与非金属反应

我们曾学过,灼热的铁丝在氧气里燃烧,生成黑色的四氧化三铁,也学过铁与硫的反应,铁还能与其他非金属反应吗?

【实验6-13】 把烧得红热的细铁丝伸到盛有 Cl_2 的集气瓶中,如图 6-13 所示,观察现象。把少量水注入集气瓶中,振荡,观察溶液的颜色。

可以观察到,铁丝在 Cl_2 中燃烧,生成棕黄色的烟,这是 $FeCl_3$ 的小颗粒。加水振荡后,生成黄色溶液。

$$2Fe + 3Cl_2 \xrightarrow{点燃} 2FeCl_3$$

加热时,Fe 还能与 S 起反应生成硫化亚铁:

$$Fe + S \xrightarrow{\triangle} FeS$$

铁与 Cl_2、S 两种物质发生化学反应时,化合价的变化不同。在铁与 Cl_2 的反应里,铁原子失去三个电子变成 +3 价的铁。在铁与 S 的反应里,铁原子失去两个电子变成 +2 价的铁。在 Cl_2、S 这两种物质中,Cl_2 夺电子的能力强,它的氧化性强,S 的氧化性相对较弱。

2. 铁与水反应

在常温下,铁与 H_2O 不起反应。但在水和空气里的 O_2、CO_2 等共同的作用下,铁却很容易发生腐蚀。

【实验6-14】 在硬质玻璃管中放入还原铁粉和石棉绒的混合物,加热,并通入水蒸气。

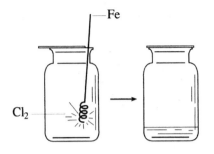

图 6—13　铁与氯气的反应

用试管收集产生的经干燥的气体,并靠近火焰点火。观察现象。

可以看到,红热的铁能与水蒸气起反应(图 6—14),放出气体,这种气体靠近火焰点火时,能燃烧或发出爆鸣声,这是氢气。反应的化学方程式为

$$3Fe + 4H_2O(g) \xrightarrow{\triangle} Fe_3O_4 + 4H_2 \uparrow$$

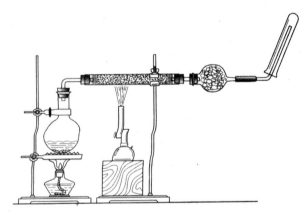

图 6—14　铁与水蒸气的反应

3. 铁与盐溶液反应

铁与比它不活泼的金属的盐溶液起反应时,能置换出这种金属。例如,把铁放入 $CuSO_4$ 或 $CuCl_2$ 溶液中时,铁被氧化成离子进入溶液,铜离子被还原成铜从溶液中析出,反应的离子方程式为

$$Fe + Cu^{2+} =\!=\!= Fe^{2+} + Cu$$

4. 铁与酸反应

铁与盐酸、稀硫酸反应时,铁被氧化为 +2 价的铁,酸中的 H^+ 被还原为 H_2:

$$Fe + 2H^+ =\!=\!= Fe^{2+} + H_2 \uparrow$$

但在常温下,铁遇到浓硫酸、浓硝酸时,则发生钝化,生成致密的氧化物薄膜,这层薄膜可阻止内部金属进一步被氧化。

铁的相关知识

人类使用铁的历史可以追溯到四千五百多年以前,不过那时的铁是从天而降的陨铁(其中含铁 90% 以上)。我国在商代就开始用铁,在河北、北京、河南的某些地区出土过用陨铁

打制的铁刃铜钺。我国最早的人工冶铁制品是甘肃灵台出土的春秋初年秦国的铜柄铁剑，这说明春秋初年我国已掌握了冶铁技术。

钢铁工业是国家工业的基础，新中国成立以后，我国的钢铁工业得到了飞速发展。1949年我国的钢产量仅居世界第 26 位，1996 年，我国钢产量超过 1 亿吨，跃居世界首位。

铁在地壳中的含量仅次于氧、硅和铝，居第四位。它是一种历史悠久、应用最广泛、用量最大的金属。

在元素周期表中，铁位于第四周期第Ⅷ族。铁原子的最外电子层只有 2 个电子，在化学反应中容易失去这 2 个电子而变为亚铁离子：

$$Fe-2e^- \longrightarrow Fe^{2+}$$

铁原子也能失去 3 个电子，生成带 3 个单位正电荷的铁离子：

$$Fe-3e^- \longrightarrow Fe^{3+}$$

所以，铁通常显 +2 价或 +3 价。

铁的化学性质比较活泼，它能与许多物质发生化学反应。例如，它能与氧气及某些非金属单质反应，与水、酸、盐溶液反应。

二、铁的重要化合物

1. 铁的氧化物

铁的氧化物有氧化亚铁（FeO）、氧化铁（Fe_2O_3）和四氧化三铁（Fe_3O_4）等。铁的氧化物都不溶于水，也不与水起反应。

- FeO 是一种黑色粉末，它不稳定，在空气里加热，就迅速被氧化成 Fe_3O_4。
- Fe_2O_3 是一种红棕色粉末，俗称铁红，它可用做油漆的颜料。
- Fe_3O_4 是一种复杂的化合物，它是具有磁性的黑色晶体，俗称磁性氧化铁。

FeO 和 Fe_2O_3 能与酸起反应，分别生成亚铁盐和铁盐。

$$FeO+2H^+ =\!=\!= Fe^{2+}+H_2O$$
$$Fe_2O_3+6H^+ =\!=\!= 2Fe^{3+}+3H_2O$$

2. 铁的氢氧化物

铁的氢氧化物有氢氧化铁〔$Fe(OH)_3$〕和氢氧化亚铁〔$Fe(OH)_2$〕，它们可分别由相对应的可溶性盐与碱溶液起反应而制得。

【实验 6—15】　在试管里注入少量新制备的 $FeSO_4$ 溶液，用胶头滴管吸取 $NaOH$ 溶液，将滴管尖端插入试管里溶液底部，慢慢挤出 $NaOH$ 溶液，观察发生的现象（图 6—15）。实验后应立即用盐酸、蒸馏水洗净滴管。

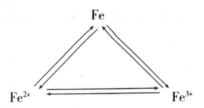

图 6—15　氢氧化亚铁的生成

通过实验可以看到，挤入 $NaOH$ 溶液后，开始时析出一种白色的絮状沉淀，这是氢氧化亚铁。

$$Fe^{2+} + 2OH^- == Fe(OH)_2\downarrow$$

生成的白色沉淀迅速变成灰绿色,最后变成红褐色。这是因为白色的 $Fe(OH)_2$(为+2 价铁)被空气里的氧气氧化成了红褐色的 $Fe(OH)_3$(为+3 价铁)。

$$4Fe(OH)_2 + O_2 + 2H_2O == 4Fe(OH)_3$$

$Fe(OH)_2$ 和 $Fe(OH)_3$ 都是不溶性碱,它们能与酸反应,分别生成亚铁盐和铁盐。

$$Fe(OH)_2 + 2H^+ == Fe^{2+} + 2H_2O$$

$$Fe(OH)_3 + 3H^+ == Fe^{3+} + 3H_2O$$

【实验 6-16】 在试管里加入少量 $FeCl_3$ 溶液,再逐滴滴入 NaOH 溶液。观察发生的现象。

从实验可以看到,溶液里立即生成了红褐色的 $Fe(OH)_3$ 沉淀。

$$Fe^{3+} + 3OH^- == Fe(OH)_3\downarrow$$

加热 $Fe(OH)_3$ 时,它就失去水而生成红棕色的 Fe_2O_3 粉末。

$$2Fe(OH)_3 \overset{\triangle}{==} Fe_2O_3 + 3H_2O\uparrow$$

3. 铁化合物和亚铁化合物的相互转变

• 三价铁的化合物遇到较强的还原剂时,会被还原成亚铁化合物。例如,$FeCl_3$ 溶液遇 Fe 等还原剂时,能被还原生成 $FeCl_2$。

$$2Fe^{3+} + Fe == 3Fe^{2+}$$

• 亚铁化合物在较强的氧化剂的作用下会被氧化成三价铁的化合物。例如,$FeCl_2$ 溶液与 Cl_2 起反应,立即被氧化成 $FeCl_3$。

$$2Fe^{2+} + Cl_2 == 2Fe^{3+} + 2Cl^-$$

以上事实说明,Fe^{2+} 和 Fe^{3+} 在一定条件下是可以相互转变的。

三、Fe^{3+} 的检验

【实验 6-17】 在两支试管里分别加入 5 mL $FeCl_2$ 溶液和 $FeCl_3$ 溶液,各滴入几滴 KSCN 溶液。观察发生的现象。

通过实验看到,Fe^{3+} 遇到 KSCN 溶液变成红色,Fe^{2+} 遇 KSCN 溶液不显红色。可以利用这一反应检验 Fe^{3+} 的存在。

$$Fe^{3+} + 3SCN^- == Fe(SCN)_3$$

第五节 硬水及其软化

一、硬水和软水

水是日常生活和工农业生产中不可缺少的物质。水质的好坏直接影响人类的生活和生产。天然水跟空气、岩石和土壤等长期接触,溶解了许多杂质,如无机盐类、某些可溶性有机物以及气体等。天然水中通常含有 Ca^{2+}、Mg^{2+} 等阳离子和 HCO_3^-、CO_3^{2-}、Cl^-、SO_4^{2-}、NO_3^- 等阴离子。不同地区的天然水里含有这些离子的种类和数量有所不同。

【实验6－18】　在2个烧杯里各加入蒸馏水或天然水30 mL,再分别注入少量肥皂水,搅拌,观察发生的现象。

通过实验,可以看到盛蒸馏水的烧杯里泡沫很多,没有沉淀产生。盛有天然水的烧杯里泡沫较少,并出现絮状沉淀。这是因为天然水含有 Ca^{2+} 和 Mg^{2+},它们与肥皂起反应生成了不溶于水的物质。各种天然水里所含的离子的种类和数量不同,一般地说,地下水、泉水中含 Ca^{2+}、Mg^{2+} 较多,而雨水、河水、湖水中含的少一些。

1. 硬水和软水

通常按水中含 Ca^{2+}、Mg^{2+} 的多少,把天然水分为硬水和软水。含有较多 Ca^{2+} 和 Mg^{2+} 的水叫做硬水;只含有少量或不含 Ca^{2+} 和 Mg^{2+} 的水叫做软水。

如果水的硬度是由碳酸氢钙或碳酸氢镁所引起的,这种硬度叫做暂时硬度。具有暂时硬度的水经过煮沸以后,水里所含的碳酸氢盐就会分解成不溶性的碳酸盐:

$$Ca(HCO_3)_2 \xrightarrow{\triangle} CaCO_3 \downarrow + CO_2 \uparrow + H_2O$$

$$Mg(HCO_3)_2 \xrightarrow{\triangle} MgCO_3 \downarrow + CO_2 \uparrow + H_2O$$

继续加热煮沸时,$MgCO_3$ 就逐渐转化成更难溶的 $Mg(OH)_2$。这样,水里溶解的 Ca^{2+} 和 Mg^{2+} 就成为 $CaCO_3$ 和 $Mg(OH)_2$ 沉淀从水里析出,从而使硬度高的水得到软化。

2. 永久硬度及永久硬水

如果水的硬度是由钙和镁的硫酸盐或氯化物等引起的,这种硬度叫做永久硬度,这种水叫做永久硬水。永久硬水不能用加热的方法软化。天然水大多同时具有暂时硬度和永久硬度,因此,一般所说的水的硬度是指上述两种硬度之和。

二、硬水的软化

1. 水的硬度

水的硬度过高对生活和生产都有危害。洗涤用水如果硬度太高,不仅浪费肥皂,而且也洗不净衣物。长期使用硬水洗衣物,还会使织物变硬。长期饮用硬度过高或硬度过低的水,都不利于人体的健康。锅炉用水硬度太高(特别是暂时硬度),十分危险,因为经过长期烧煮后,水里的钙盐和镁盐会在锅炉内结成锅垢,使锅炉内金属管道的导热能力大大降低,这不但浪费燃料,而且会使管道局部过热。当超过金属允许的温度时,锅炉管道将变形或损坏,严重时会引起爆炸事故。

很多工业部门,如纺织、印染、造纸、化工等,都要求用软水。因此,对天然水进行软化,以降低或消除它的硬度是很重要的。

2. 硬水软化

硬水软化的方法通常有药剂软化法和离子交换法等。这里只简单介绍离子交换法。

离子交换法是用离子交换剂软化水的一种现代的方法。离子交换剂中的阳离子跟水中的 Ca^{2+}、Mg^{2+} 起离子交换作用,从而使硬水得到软化。

【实验6－19】　如图6－16所示,使天然硬水通过阳离子交换柱。用试管取5 mL软化后的水,加入少量肥皂水振荡,检验水的硬度。

通过实验看到,软化后的水中加入肥皂水振荡时,泡沫很多,也没有沉淀产生。

用离子交换法软化硬水,具有质量高、设备简单、占地面积小、操作方便等优点,目前使用得比较普遍。

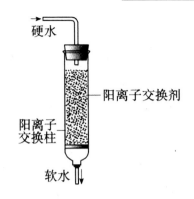

图 6—16　用阳离子交换剂软化硬水

硬水软化的方法还有很多,例如离子膜法、电渗析法等,这里不再一一介绍。

一、填空题

1. 石英、刚玉、金刚石、青铜都是很硬的物质,其中属于单质的是_____;属于化合物的是_____;最硬的是_____;可用做钻头的是_____;可用做齿轮的是_____;可用做玻璃刀刀口的是_____。

2. 在金、铜、铁、钠、钾、镁、铝几种金属中,属于黑色金属的是_____;硬度最大的是_____;熔点最高的是_____;在空气中最稳定的是_____;最活泼的是_____;常温时与水能剧烈反应的有_____;既能与酸反应,又能与碱反应的是_____。

3. 用一种试剂区别 $NaCl$、$MgCl_2$、$AlCl_3$、$FeCl_2$、$CuCl_2$ 溶液,这种试剂是_____。鉴别的现象和反应的离子方程式为

$MgCl_2$ _____;

$NaCl$ _____;

$AlCl_3$ _____;

$FeCl_2$ _____;

$CuCl_2$ _____。

4. 某金属元素在它的硫化物和氧化物中都显 +2 价,且硫化物和氧化物的摩尔质量之比为 11:9,该元素的摩尔质量为_____。

5. 现有某三价金属的氢氧化物 4.28 g,煅烧后生成 3.20 g 氧化物。由此可推算出该金属氢氧化物的摩尔质量是_____,该金属的相对原子质量为_____,它是_____元素。

二、选择题

1. 下列物质中属于合金的是(　　)。

A. 黄金　　　　　　B. 钢　　　　　　C. 白银　　　　　　D. 水银

2. 下列金属既能与稀盐酸反应,又能与氢氧化钠溶液反应的是(　　)。

A. Mg　　　　　　B. Al　　　　　　C. Cu　　　　　　D. Fe

3. 下列关于钠的叙述中,不正确的是(　　)。

A. 钠易与水反应放出氢气

B. 钠原子最外电子层有 1 个电子

C. 钠在空气中燃烧时生成氧化钠

D. 钠属于碱金属元素,位于元素周期表中的第ⅠA族

4. 下列物质中,既能跟强酸又能跟强碱溶液反应生成盐和水的是(　　　)。

A. Al　　　　　　　B. $Al(OH)_3$　　　　　　C. Al_2O_3　　　　　　D. Na_2CO_3

5. 下列物质中,不能由组成它的两种元素的单质直接化合生成的是(　　　)。

A. NaCl　　　　　　B. MgO　　　　　　C. Al_2O_3　　　　　　D. $FeCl_2$

6. 某化合物的溶液中可能含有下列离子,当加入 NaOH 溶液时,有沉淀生成;另取该化合物的溶液加入铁粉,溶液的质量将增加,该溶液中一定含有(　　　)。

A. Cu^{2+}　　　　　　B. Fe^{3+}　　　　　　C. Al^{3+}　　　　　　D. Mg^{2+}

7. 在下列反应中,能置换出铁的是(　　　)。

A. $Cu+FeCl_3$(溶液)　　　　　　B. $Na+FeSO_4$(溶液)

C. $Al+Fe_3O_4$(高温)　　　　　　D. $Ag+FeSO_4$(溶液)

8. 下列各组离子中,能在水溶液中大量共存的是(　　　)。

A. Ca^{2+}、Mg^{2+}、HCO_3^-　　　　　　B. Al^{3+}、Ca^{2+}、OH^-

C. Mg^{2+}、H^+、HCO_3^-　　　　　　D. Fe^{2+}、AlO_2^-、Cl^-

9. 下列化学方程式书写不正确的是(　　　)。

A. $2Fe+6HCl=2FeCl_3+3H_2\uparrow$　　　　　　B. $2Al+3O_2\xrightarrow{点燃}2Al_2O_3$

C. $Al_2O_3+2NaOH=2NaAlO_2+H_2O$　　　　　D. $Fe+CuCl_2=FeCl_2+Cu$

三、问答题

1. 如何检验某 $FeSO_4$ 溶液是否已经变质?为防止它变质,可采取什么措施?

2. 以铝为例,说明较活泼的金属具有哪些化学性质,并说明铝有哪些特殊的性质,写出有关反应的化学方程式。

3. 试举例说明金属有哪些共同的物理性质。

四、实验题

1. 室温下,向含有 Mg、Al、Cu 的混合粉末中加入过量的 NaOH 溶液,充分反应后,溶液中的金属离子主要是_____。过滤,在滤液中加入过量盐酸,溶液中的金属离子主要是_____;在滤渣中加入过量盐酸,溶液中的主要金属离子是_____。

2. 用一种试剂,分别除去下列各物质中的杂质。在空白处写出所用试剂的化学式。

(1)除去 $MgCl_2$ 溶液中混有的少量 $MgCO_3$,可选用试剂_____;

(2)除去 SiO_2 中混有的少量 CaO,可选用试剂_____;

(3)除去铁粉中混有的少量铝粉,可选用试剂_____。

(4)除去 $FeCl_2$ 溶液中混有的少量 Cu^{2+},可选用试剂_____;

(5)除去 $FeCl_3$ 溶液中混有的少量 $FeCl_2$,可选用试剂_____;

3. 向含有 Ag^+、Al^{3+}、Ca^{2+}、Na^+ 等 4 种阳离子的溶液中加入过量稀盐酸,有_____沉淀生成。过滤后向滤液中加入过量氨水使溶液呈碱性,又有_____沉淀生成。再过滤后又向滤液中加入 Na_2CO_3 溶液,还会有_____沉淀生成。经过上述实验步骤,始终没有沉淀出来的阳离子是_____。写出生成三种沉淀的化学方程式。

_____;

　　　　　　　　　　　　　　　　　　　　　　　　；

　　　　　　　　　　　　　　　　　　　　　　　。

五、计算题

1. 现有 10.0 g 镁、铜、铝粉的混合物，向其中加入过量的氢氧化钠溶液，充分反应后生成 3.36 L 氢气；过滤，把不溶物加入到过量稀盐酸中，充分反应后又生成 2.24 L 氢气。计算原混合物中各种金属的质量分数。（题中所给的气体体积均为标准状况时的体积）

2. 2.80 g 某金属与足量稀盐酸充分反应后，生成 +2 价的盐溶液和 1.12 L 氢气（标准状况下的体积），试计算该金属的摩尔质量。

第七章

来自化石能源的基本化工原料——烃

本章概述

煤、石油和天然气统称为化石能源,它们除用做燃料外,也是十分重要的有机化工原料。

从这一章起,我们将学习有机化合物的知识。绝大多数的含碳化合物,都是有机化合物(简称有机物)。组成有机物的元素除碳外,通常还有氢、氧、氮、硫、卤素、磷等。仅含碳和氢两种元素的有机物称为碳氢化合物,又称烃。根据组成和结构的不同,烃可分为烷烃、烯烃、炔烃、芳香烃等。在这一章里,我们将学习甲烷、乙烯、乙炔和苯等几种有代表性的烃。

教学目标

1. 熟悉并掌握甲烷及烷烃的结构性质。
2. 掌握同分异构现象及同分异构体。
3. 掌握乙烯、乙炔及烯烃和炔烃的相关性质。
4. 了解苯的相关性质。

第一节　天然气

燃料的使用,给人们的生活带来了很多方便,但是,也伴生着大气环境污染的问题。在化石燃料中,天然气对大气环境影响最小,被视为"清洁燃料"能源。

一、甲烷

城镇的许多家庭使用管道天然气做饭和炒菜,在农村,利用沼气可解决生活用燃料问题,你知道管道天然气、沼气的主要成分是什么吗?

天然气、沼气的主要成分是甲烷。甲烷的分子式是 CH_4,是无色、无味的气体,极难溶于水。下面来了解甲烷的主要化学性质。

1. 燃烧

甲烷是一种很好的燃料,在空气里容易燃烧,发出淡蓝色的火焰,生成二氧化碳和水,同时放出大量的热。

$$CH_4 + 2O_2 \xrightarrow{\text{点燃}} CO_2 + 2H_2O\text{(放热反应)}$$

如果点燃甲烷与空气的混合物(甲烷的体积分数为5.3%～14%),就会发生爆炸。因此,当天然气发生泄漏时,应杜绝一切火源、火星,以防发生爆炸。

我国的天然气主要分布在中西部的四川、重庆、甘肃、青海、新疆等地区及沿海海底,我国建设的"西气东输"工程,就是将新疆等地的天然气,通过管道输送到我国东部地区,以解决东部地区化工资源短缺问题,并改善我国东部的能源结构。

2. 取代反应

把盛有氯气和甲烷的混合气体的集气瓶放在光亮的地方,可以观察到瓶中氯气的颜色会逐渐变浅的现象。这是因为在光照的条件下,甲烷与氯气发生了反应,这个反应是分步进行的,甲烷分子中的氢原子逐个被氯原子取代,可以生成四种取代产物。上述反应分别表示如下:

$$CH_4 + Cl_2 \xrightarrow{\text{光}} CH_3Cl + HCl$$
一氯甲烷

$$CH_3Cl + Cl_2 \xrightarrow{\text{光}} CH_2Cl_2 + HCl$$
二氯甲烷

$$CH_2Cl_2 + Cl_2 \xrightarrow{\text{光}} CHCl_3 + HCl$$
三氯甲烷

$$CHCl_3 + Cl_2 \xrightarrow{\text{光}} CCl_4 + HCl$$
四氯甲烷
(四氯化碳)

有机物分子里的某些原子或原子团被其他原子或原子团所代替的反应叫做取代反应。

可燃冰

20世纪末,科学家发现海底存在大量天然气水合物晶体。这种晶体的主要气体成分是甲烷,因而又称甲烷水合物。它的外形像冰,而且在常温常压下会迅速分解释放出甲烷,因而又称"可燃冰"。

在天然气水合物晶体中,有甲烷、乙烷等,它们在水合物晶体里是装在几个水分子构成的笼内,这类化合物称作笼状化合物(图7—1)。估计全球的海底和冰川底部共计有1×10^{23} t天然气藏在天然气水合物晶体里,总量超过煤、石油和天然气等化石燃料的总和,是巨大的潜在能源。

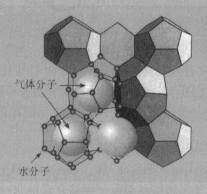

气体分子

水分子

图7—1 天然气分子藏在水分子笼内

二、烷烃

1. 烷烃的结构和性质

（1）结构　碳原子的最外电子层有 4 个电子,常以共价键和氢原子结合形成共价化合物。例如,甲烷的分子式是 CH_4,在甲烷分子中,碳原子以最外电子层上的 4 个电子分别与 4 个氢原子的电子形成 4 个共价键。甲烷的电子式可以表示为

$$\overset{\overset{\displaystyle H}{\displaystyle :}}{H\overset{\times}{:}\overset{\times}{C}\overset{\times}{:}H}$$
$$\overset{\displaystyle\cdot\cdot}{H}$$

甲烷的分子结构可以表示为

$$\begin{array}{c} H \\ | \\ H-C-H \\ | \\ H \end{array}$$

这种用短线来表示一对共用电子的图式叫做结构式。

（2）性质　实验证明,甲烷分子里的碳原子和 4 个氢原子不在同一平面内,分子呈正四面体形结构,碳原子位于正四面体的中心,4 个氢原子分别位于正四面体的 4 个顶点上(图 7-2)。图 7-3 是两种常用的甲烷分子的模型。

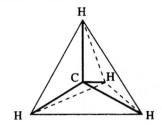

图 7-2　甲烷分子结构示意图

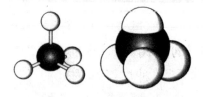

图 7-3　甲烷分子的模型

(a)球棍模型;(b)比例模型

除甲烷外,在有机化合物里,还有一系列结构和性质与甲烷很相似的烃,如乙烷(C_2H_6)、丙烷(C_3H_8)、丁烷(C_4H_{10})等。它们的结构式分别表示如下:

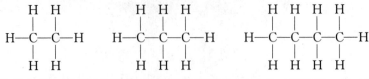

在这些烃的分子里,碳原子之间都以碳碳单键结合成链状,同甲烷一样,碳原子剩余的价键全部跟氢原子相结合。这样的结合使每个碳原子的化合价都已充分利用,都达到"饱和"。

这样的烃叫做饱和烃，又叫烷烃。

乙烷　　　　　　丙烷　　　　　　　丁烷

图 7—4　几种烷烃的球棍模型

观察图 7—2、图 7—3 和图 7—4 所示的 C 与 H 的空间位置关系。试用原子结构拼插模型（或用橡皮泥、黏土、泡沫塑料、牙签、火柴棍等代用品），制作甲烷、乙烷和丙烷的分子模型。

为了书写方便，有机物除用结构式表示外，还可以用结构简式表示，如乙烷和丙烷的结构简式分别为 CH_3CH_3 和 $CH_3CH_2CH_3$。烷烃的种类很多，表 7—1 中列出了几种烷烃的物理性质。

表 7—1　几种烷烃的物理性质

名称	结构简式	常温时状态	熔点/℃	沸点/℃	相对密度*
丙烷	$CH_3CH_2CH_3$	气	−188.0	−42.1	0.500 5
丁烷	$CH_3(CH_2)_2CH_3$	气	−138.4	−0.5	0.578 8
戊烷	$CH_3(CH_2)_3CH_3$	液	−129.7	36.0	0.626 2
十七烷	$CH_3(CH_2)_{15}CH_3$	固	22.0	302.2	0.776 7

＊在未特别指明的情况下，本书中的相对密度均指 20℃时某物质的密度与 4℃时水的密度的比值。

从表 7—1 中可以看出，烷烃的物理性质随着分子里碳原子数的增加，呈现规律性的变化。例如，常温下，它们的状态由气态到液态又到固态；它们的沸点逐渐升高，相对密度逐渐增大。

这些烃的化学性质与甲烷相似。通常状况下，它们很稳定，在空气里能点燃，在光照条件下，都能与氯气发生取代反应。

分析表 7—1 中烷烃的结构简式可以发现，相邻两个烷烃在组成上都相差一个"CH_2"原子团。如果把烷烃中的碳原子数定为 n，烷烃中的氢原子数就是 $2n+2$，所以烷烃的分子式可以用通式 C_nH_{2n+2} 来表示。像这样结构相似、在分子组成上相差一个或若干个 CH_2 原子团的物质互相称为同系物，如烷烃中的甲烷、乙烷、丁烷等互为同系物。

2. 烷烃及其命名

烷烃分子失去一个氢原子后剩余的原子团就叫烷基，一般用"R—"表示。例如，甲烷分子失去 1 个氢原子后剩余的"—CH_3"部分叫做甲基，乙烷分子失去 1 个氢原子后剩余的"—CH_2CH_3"部分叫做乙基等。

烷烃可以根据分子里所含碳原子的数目来命名,碳原子数在 10 以下的,用甲、乙、丙、丁、戊、己、庚、辛、壬、癸来表示;碳原子数在 10 以上的,就用数字来表示,如 C_5H_{12} 叫戊烷,$C_{17}H_{36}$ 叫十七烷。这种命名方法叫做习惯命名法。习惯命名法在实际应用上有很大的局限性。所以,在有机化学中广泛采用系统命名法。下面简要介绍系统命名法的命名步骤。

• 选定分子中最长的碳链为主链,按主链中碳原子数目称作"某烷"。

• 选主链中离支链最近的一端为起点,用 1,2,3 等阿拉伯数字依次给主链上的各个碳原子编号定位,以确定支链在主链中的位置。

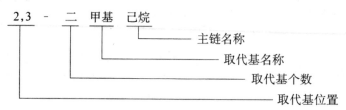

• 把支链作为取代基,把取代基的名称写在烷烃名称的前面,在取代基的前面用阿拉伯数字注明它在烷烃主链上所处的位置,并在数字与取代基名称之间用一短线隔开。例如:

$$\overset{1}{C}H_3 - \overset{2}{C}H - \overset{3}{C}H_2 - \overset{4}{C}H_3$$
$$|$$
$$CH_3$$

• 如果主链上有相同的取代基,可以将取代基合并起来,用二、三等数字表示取代基的个数,用于表示取代基位置的阿拉伯数字之间需用","隔开。下面以 2,3-二甲基己烷为例,对烷烃的命名图析如下:

2,3 - 二 甲基 己烷
├─────────── 主链名称
├─────────── 取代基名称
├─────────── 取代基个数
└─────────── 取代基位置

• 如果主链上有几个不同的取代基,把简单的写在前面,把复杂的写在后面。例如 2-甲基-4-乙基庚烷:

$$\underset{7}{H_3C} - \underset{6}{CH_2} - \underset{5}{CH_2} - \underset{4}{\overset{C_2H_5}{\underset{|}{CH}}} - \underset{3}{CH_2} - \underset{2}{\overset{CH_3}{\underset{|}{CH}}} - \underset{1}{CH_3}$$

三、同分异构现象和同分异构体

1. 同分异构现象和同分异构体

人们在研究物质的分子组成和性质时发现,很多分子组成相同的有机物,性质却并不相同。例如,组成同为 C_4H_{10} 的物质,包含着两种性质明显不同的"丁烷"(见表 7-2)。

表 7-2　正丁烷和异丁烷的某些物理性质

名称	熔点/℃	沸点/℃	相对密度
正丁烷	-138.4	-0.5	0.578 8
异丁烷	-159.6	-11.7	0.557

化合物分子组成相同、分子结构不同的现象,叫做同分异构现象。具有同分异构现象的化合物互称为同分异构体。正丁烷和异丁烷就是丁烷的两种同分异构体。

2.产生原因

产生这种差异的原因是它们有着不同的分子结构,一种分子里的碳原子相互结合形成直链,人们把它称为正丁烷;另一种分子里的碳原子却带有支链,人们称它为异丁烷。这两种丁烷的结构式分别是

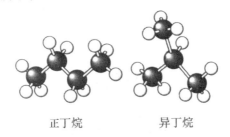

正丁烷　　　　　　　异丁烷

其球棍模型如图7－5所示。

正丁烷　　　　异丁烷

图7－5 丁烷、异丁烷的球棍模型

知识库

有机物的种类繁多的原因

碳原子最外层有4个电子,在有机化合物中,每个碳原子不仅能与其他原子形成4个共价键,而且碳原子与碳原子之间也能相互形成共价键,不仅可以形成单键,还可以形成双键或三键;多个碳原子可以相互结合形成长长的碳链,也可以形成碳环(如图7－6)。所以一个有机物的分子可能只含一个碳原子,也可能含有几千甚至上万个碳原子;而含有相同原子种类和数目的分子又可能具有不同的结构。这就是造成有机物种类和数目繁多的主要原因。

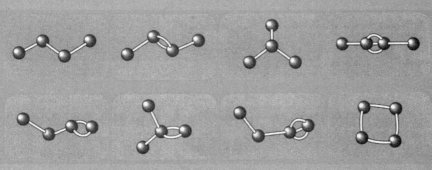

图7－6 4个碳原子相互结合的几种方式

第二节 乙烯和乙炔

一、乙烯

1. 日常生活中的乙烯

在日常生活中,把青香蕉和几个熟橘子放在同一个塑料袋里,或者把青西红柿和熟苹果放在一起,可以促进青香蕉和青西红柿的成熟,你知道这是什么原因吗?

水果在成熟的过程中,自身能放出一种叫做乙烯的气体,乙烯能够催熟水果(图7-7)。这就是成熟水果和青水果放在一起,青水果能够成熟更快的原因。在长途运输中,为了避免途中果实发生腐烂,常常运输尚未完全成熟的果实,运到目的地后,再向存放果实的库房混入少量乙烯,你知道这是为什么吗?

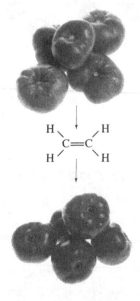

图7-7 乙烯作为水果的催熟剂

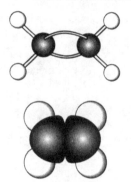

图7-8 乙烯的分子模型

乙烯的分子里含有碳碳双键（ C=C ），它的分子式是 C_2H_4，结构式是

$$H-\overset{\displaystyle H}{\underset{\displaystyle \,}{C}}=\overset{\displaystyle H}{\underset{\displaystyle \,}{C}}-H$$

结构简式是 $CH_2—CH_2$，其分子模型如图 7—8 所示。在碳氢化合物中，除了碳原子之间都以碳碳单键相互结合的饱和链烃之外，还有许多烃的分子里含有碳碳双键或碳碳三键，碳原子所结合的氢原子数少于饱和链烃里的氢原子数，这样的烃叫做不饱和烃。

2. 乙烯的性质

在通常状况下，乙烯是一种无色、稍有气味的气体，难溶于水。

乙烯的分子里含有碳碳双键，与只含碳碳单键的烷烃相比，双键的存在会对乙烯的化学性质产生什么影响呢？

（1）氧化反应　跟烷烃一样，乙烯在空气中也能燃烧，火焰明亮并伴有黑烟，生成二氧化碳和水：

$$CH_2—CH_2+3O_2 \xrightarrow{\text{点燃}} 2CO_2+2H_2O$$

乙烯含碳的质量分数比较高，燃烧时由于碳没有得到充分燃烧，所以有黑烟产生。

如图 7—9 所示，把乙烯通入盛有 $KMnO_4$ 酸性溶液的试管中，可以看到 $KMnO_4$ 酸性溶液的紫色很快褪去。这说明乙烯能被氧化剂 $KMnO_4$ 氧化，它的化学性质比烷烃活泼。利用这个反应可以区别甲烷和乙烯，因为甲烷不能被 $KMnO_4$ 酸性溶液氧化而使其紫色褪去。

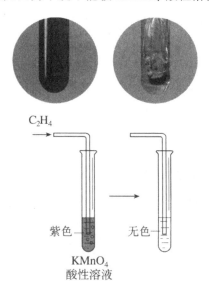

图 7—9　乙烯使高锰酸钾酸性溶液褪色

（2）加成反应　如图 7—10 所示，把乙烯通入盛有溴的四氯化碳溶液的试管中，可以看到溴的红棕色很快褪去，说明乙烯与溴发生了反应。乙烯也能使溴水褪色。

在这个反应中，乙烯双键中的一个键断裂，2 个溴原子分别加在两个价键不饱和的碳原子上，生成无色的 1,2—二溴乙烷：

$$CH_2—CH_2+Br—Br \longrightarrow CH_2Br—CH_2Br$$

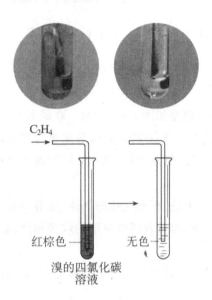

图 7－10　乙烯使溴的四氯化碳溶液褪色

　　像这样有机物分子中双键(或三键)中的一个键断裂,两端的碳原子与其他原子或原子团直接结合生成新的化合物的反应,叫做加成反应。

　　(3)聚合反应　在适宜的温度、压强和有催化剂存在的条件下,乙烯的碳碳双键中的一个键断裂,分子间通过碳原子的相互结合能形成很长的碳链,生成聚乙烯。聚乙烯是一种重要的塑料,在工农业生产和日常生活中有广泛应用。这个反应可以用下式表示:

$$n\mathrm{CH_2{=}CH_2} \longrightarrow \left[\!\!\begin{array}{c}\mathrm{CH_2{-}CH_2}\end{array}\!\!\right]_n$$

$$\text{乙烯} \qquad\qquad \text{聚乙烯}$$

　　由相对分子质量小的化合物分子互相结合成相对分子质量大的高分子的反应叫做聚合反应。

　　乙烯是石油化学工业最重要的基础原料,它主要用于制造塑料、合成纤维、有机溶剂等。一个国家乙烯工业的发展水平,成为衡量这个国家石油化学工业水平的重要标志之一。

二、烯烃

　　分子中含有碳碳双键的一类链烃叫做烯烃。烯烃的通式是 C_nH_{2n}。乙烯是最简单的烯烃。表 7－3 列出了几种烯烃的物理性质。

表 7－3　几种烯烃的物理性质

名称	结构简式	常温时状态	沸点/℃	相对密度
丙烯	$CH_3CH{=}CH_2$	气	－47.4	0.519 3
1－丁烯*	$CH_3CH_2CH{=}CH_2$	气	－6.3	0.595 1
1－戊烯	$CH_3(CH_2)_2CH{=}CH_2$	液	30	0.640 5
1－己烯	$CH_3(CH_2)_3CH{=}CH_2$	液	63.3	0.673 1

　　* 丁烯前面的"1"表示双键位于第一个碳原子和第二个碳原子之间。

讨论

　　根据表 7－3 中几种烯烃的物理性质,你能归纳出烯烃的物理性质有什么变化规律吗?

从表 7－3 中可以看出:烯烃的物理性质一般也随碳原子数目的增加而呈现规律性的变化,如沸点逐渐升高、相对密度逐渐增大等。

烯烃的化学性质跟乙烯相类似,容易发生加成反应、氧化反应等,能使溴的四氯化碳溶液及高锰酸钾酸性溶液褪色。烯烃也可以使溴水褪色,因此,常用溴水代替溴的四氯化碳溶液来检验烯烃。

三、乙炔

在化学性质上,乙炔也表现出不饱和烃的性质——容易发生加成反应、氧化反应等。

1. 加成反应

把纯净的乙炔通入盛有溴的四氯化碳溶液的试管,可以看到乙炔也能使溴的四氯化碳溶液褪色。乙炔与溴的反应是分步进行的:

$$H-C\equiv C-H + Br-Br \longrightarrow \begin{array}{c} H-C=C-H \\ | \quad | \\ Br \quad Br \end{array}$$

1,2-二溴乙烯

$$\begin{array}{c} H-C=C-H \\ | \quad | \\ Br \quad Br \end{array} + Br-Br \longrightarrow \begin{array}{c} Br \quad Br \\ | \quad | \\ H-C-C-H \\ | \quad | \\ Br \quad Br \end{array}$$

1,1,2,2-四溴乙烷

在 150～160 ℃和氯化汞作为催化剂的条件下,乙炔能与氯化氢发生加成反应,生成氯乙烯:

$$HC\equiv CH + HCl \xrightarrow[\triangle]{催化剂} CH_2=CHCl$$

氯乙烯

氯乙烯是制备聚氯乙烯的原料,聚氯乙烯是一种重要的合成树脂,用于制备塑料和合成纤维。

2. 氧化反应

乙炔燃烧时,火焰明亮而带浓烟,这是由于乙炔的成分里含碳量很高,碳没有完全燃烧。乙炔燃烧的反应可表示如下:

$$2C_2H_2 + 5O_2 \xrightarrow{点燃} 4CO_2 + 2H_2O$$

用乙炔和纯氧进行气焊或气割时,产生的氧炔焰的温度可达 3 000 ℃以上。

把乙炔通入盛有 $KMnO_4$ 酸性溶液的试管中,可以看到 $KMnO_4$ 酸性溶液的紫色很快褪去。这说明乙炔也容易被高锰酸钾等氧化剂氧化。

 小棉囊

乙炔的相关性质

纯净的乙炔是无色、无味的气体。但工业上所用由电石产生的乙炔常混有杂质而有特殊难闻的臭味。乙炔微溶于水,易溶于有机溶剂。

乙炔的分子式是 C_2H_2。在乙炔分子里的碳原子间有三个共用电子对:H:C⦂C:H,通常把它称为三键。乙炔的结构式是 H—C≡C—H 或简写成 HC≡CH。科学实验证明,乙炔分子里的两个碳原子和两个氢原子处在一条直线上。其分子模型如图 7－11 所示。

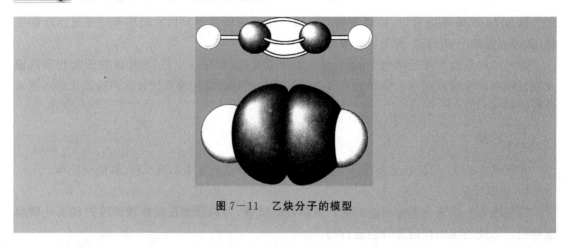

图7-11　乙炔分子的模型

四、炔烃

分子里含有碳碳三键的一类链烃叫做炔烃。如丙炔（$CH_3CH\equiv CH$）、1-丁炔（$CH_3CH_2C\equiv CH$）等,乙炔是最简单的炔烃。炔烃的通式是C_nH_{2n-2}。

与烷烃和烯烃相似,炔烃的物理性质也是随着碳原子数目的增加而递变。

由于炔烃中都含有碳碳三键,炔烃的化学性质与乙炔相似,如容易发生加成反应、氧化反应等,使溴的四氯化碳溶液、高锰酸钾酸性溶液褪色。炔烃也可以使溴水褪色。因此,常用溴水代替溴的四氯化碳溶液来检验炔烃。

"冰块"着火

在冰块（如饭盒大小）上挖几个凹坑,分别放入蚕豆大小电石各一块。用燃着的木条在冰块上（靠近电石）依次点燃,冰块立即着火,火焰明亮似一排冰灯。随着冰块融化,火焰越来越旺,直至电石耗尽火焰才熄灭。

电石（碳化钙）与水反应,反应的化学方程式是

$$CaC_2 + H_2O \longrightarrow C_2H_2\uparrow + Ca(OH)_2$$

你知道"冰块"为什么会着火吗?

第三节　苯

一、苯的相关知识

人们从煤制备出煤气之后,剩下的一种油状液体却长期无人问津。法拉第（M. Faraday,1791—1867）是第一位对这种油状液体感兴趣的科学家,他用蒸馏的方法将这种油状液体进行分离,得到了另一种液体——苯。自从石油工业发展以来,大量的苯又可以从石油工业获得。

苯是没有颜色、带有特殊气味的易挥发液体,比水轻,不溶于水。苯的沸点为80.1 ℃,熔点为5.5 ℃。

苯的分子式是C_8H_6,苯的结构式（称凯库勒式）可以表示为：

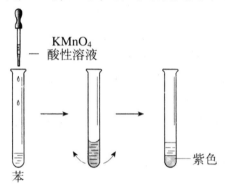

可简写为 ⬡。

从苯的结构式来看,你认为苯可以和烯烃一样使高锰酸钾酸性溶液或溴水褪色吗?

• 向试管中加入少量苯,再加入溴水,振荡后,观察现象。

• 向试管中加入少量苯,再加入高锰酸钾酸性溶液,振荡后,观察现象。

图 7-12 苯不能使高锰酸钾酸性溶液褪色

通过实验可知,苯不能使高锰酸钾酸性溶液和溴水褪色。这说明苯与高锰酸钾酸性溶液和溴水都不发生反应。由此可知,苯跟一般烯烃在性质上有很大差别。这是为什么呢?

事实上,苯分子里 6 个碳原子之间的化学键完全相同,是一种介于单键和双键之间的独特的键。苯分子里的 6 个碳原子和 6 个氢原子都在同一平面上。为了表示苯分子的这一特点,也可以用结构简式 ⬡ 来表示苯。其分子模型如图 7-13 所示。

在有机化合物中,有很多分子里含有一个或多个苯环的碳氢化合物,这类化合物都有自己独特的气味,把它们称作芳香烃,简称芳烃。苯是最简单的芳烃。

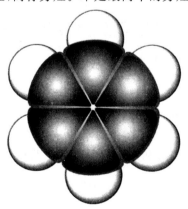

图 7-13 苯分子模型

凯库勒和苯分子的结构

　　德国化学家凯库勒是一位极富想象力的学者。1865 年,他根据实验事实和对不饱和烯烃认识间的矛盾,悟出闭合链的形式是解决苯分子结构的关键,他以苯的(Ⅰ)式(如图 7—14)表示这一结构。1866 年他又提出苯分子是一个由 6 个碳原子以单、双键相互交替结合而成的环状链(Ⅱ)式,后简化为(Ⅲ)式,也就是我们所说的凯库勒式。

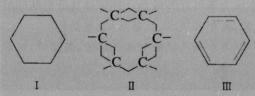

图 7—14　凯库勒提出的苯分子的几种结构式

　　关于凯库勒悟出苯分子的环状结构的经过,一直是化学史上的一个趣闻。据他自己说这来自于一个梦。一天夜晚,他在书房中打起了瞌睡,眼前又出现了旋转的碳原子。碳原子的长链像蛇一样盘绕卷曲,忽见一条蛇抓住了自己的尾巴,并旋转不停。他像触电般猛地惊醒,整理苯环结构的假说。

　　应该指出的是,凯库勒能够从梦中得到启发,成功地提出重要的结构学说,并不是偶然的,和他善于独立思考、善于捕捉直觉形象有关;加之以事实为依据,以严肃的科学态度进行多方面的分析和探讨。这一切都为他取得成功奠定了基础。

二、苯的化学性质

苯的化学性质比烯烃、炔烃稳定。但是在一定条件下,苯也能发生如下化学反应。

1. 燃烧

苯可以在空气中燃烧,生成二氧化碳和水。

$$2C_6H_6 + 15O_2 \xrightarrow{\text{点燃}} 12CO_2 + 6H_2O$$

苯燃烧时发生明亮并带有浓烟的火焰,这是苯分子里含碳量很大,碳未能充分燃烧的缘故。

2. 取代反应

(1)苯的磺化反应　苯与浓硫酸共热至 70~80 ℃时发生反应,生成苯磺酸。

在这个反应中,苯分子里的氢原子被硫酸分子里的磺酸基(—SO_3H)取代,这样的反应叫做磺化反应。

(2)苯的硝化反应　苯与浓硝酸和浓硫酸的混合物共热至 55~60℃发生反应,苯环上的

氢原子被硝基(—NO_2)取代,生成硝基苯:

苯分子里的氢原子被—NO_2 所取代的反应,叫做硝化反应。"—NO_2"原子团叫做硝基。

3. 苯的加成反应

虽然苯不具有典型的碳碳双键所应有的加成反应的性质,但在特定的条件下,苯仍然能发生加成反应。例如,在镍催化剂存在和 $180 \sim 250℃$ 的条件下,苯可以与氢气发生加成反应,生成环己烷(C_6H_{12})。

环己烷

苯是一种重要的化工原料,它广泛用来生产合成纤维、合成橡胶、塑料、农药、医药、染料和香料等。苯也常用做有机溶剂。

苯对人体有一定的毒害作用,长期吸入苯蒸气能损坏造血器官和神经系统。储存和使用苯的场所应加强通风,操作时应注意采取保护措施。

知识库

苯的毒性

苯的挥发性强,暴露于空气中后很容易扩散。长期吸入苯蒸气,或皮肤直接接触苯,会引起急性和慢性苯中毒。人在短时间内吸收高浓度的苯,会出现中枢神经系统麻痹症状,轻者会出现头晕、头痛、恶心、呕吐、意识模糊等,重者会出现昏迷以致呼吸系统衰竭而死亡。长期接触苯会对血液造成极大伤害,引起慢性苯中毒,导致出现再生障碍性贫血。

日常生活中的苯主要来源于室内装修材料,作为一种常用的有机溶剂,苯通常被用做油漆、涂料、填料的"稀料",黏合剂也是苯的主要来源。尽管国家对化工产品中的苯含量有严格的规定和限制,但是市场一些劣质的化工材料往往含有大量苯。

每章一练

一、填空题

1. 烃中分子组成最简单的是_____,它的分子式是_____,结构式是_____。

2. 烷基是烷烃分子里失去 1 个_____后所剩余的部分,甲基的结构简式是_____,乙基的结构简式是_____。

3. 乙炔为_____色、_____气味的_____体。炔烃分子中均含有_____键。

4. 烯烃分子中均含有_____键,烯烃能使高锰酸钾酸性溶液及溴的四氯化碳溶液褪色,其中与高锰酸钾发生的反应属于_____反应,与溴的四氯化碳溶液发生的反应属于_____反应。

5. 乙烯是一种_____色、_____气味的气体,_____溶于水。

6. 现有六种链烃:①C_6H_{14}、②C_7H_{14}、③C_8H_{14}、④C_9H_{20}、⑤$C_{15}H_{28}$、⑥$C_{17}H_{34}$ 其中属于烷烃的是_____,属于烯烃的是_____,可能属于炔烃的是_____。

7. 苯是一种_____色、_____味、_____溶于水的_____体。

8. 苯的结构简式是_____。

二、选择题

1. 在下述情况下,能发生化学反应的是(　　)。

A. 甲烷与氯气混合并存放在暗处

B. 将甲烷通人高锰酸钾酸性溶液中

C. 点燃甲烷

D. 将甲烷通入热的强碱溶液中

2. 下述关于烃的说法中,正确的是(　　)。

A. 烃是指燃烧生成二氧化碳和水的有机物

B. 烃是指含有碳、氢元素的化合物

C. 烃是指含碳元素的化合物

D. 烃是指仅由碳、氢两种元素组成的化合物

3. 下列物质中,在一定条件下既能起加成反应,也能起取代反应,但不能使 $KMnO_4$ 酸性溶液褪色的是(　　)。

A. 乙烷　　　B. 乙烯　　　C. 苯　　　D. 乙炔

4. 有机物 $CH_3—CH—CH—CH_3$ 的名称是(　　)。
　　　　　　　　　$\ \ \ \ \ \ CH_3\ \ C_2H_5$

A. 2－甲基－3－乙基丁烷　　　　　B. 3,4－二甲基戊烷

C. 2,3－二甲基戊烷　　　　　　　D. 2－乙基－3－甲基丁烷

5. 下列物质中,不能使溴水和高锰酸钾酸性溶液褪色的是(　　)。

A. C_2H_4　　　　B. C_3H_6　　　　C. C_5H_{12}　　　　D. C_4H_8

6. 下列各对物质中,互为同系物的是(　　)。

A. $CH_3—CH_2—CH_3$ 和 $CH_3—CH—CH_2$

B. $CH_3—CH—CH_2$ 和 $CH_3—CH_2—CH—CH_2$

C. $CH_3—CH_3$ 和 $CH_3—CH—CH_2$

D. $CH_2—CH_2$ 和 $CH_3—C≡CH$

三、简答题

1. 什么叫做同系物? 什么叫做同分异构现象?

2. 了解生活中可能接触苯或含有苯结构物质的主要场所,上网查阅资料并与他人讨论这些物质对环境可能产生的影响,提出防护建议。

第八章

烃的衍生物及高分子合成材料

本章概述

烃的衍生物从组成上说,除含有 C、H 元素外,还有 O、X(卤素)、N、S 等元素中的一种或几种,如初中化学里学过的甲醇(CH_3OH)、乙醇(C_2H_5OH)、乙酸(CH_3COOH)及上一章已提到的一氯甲烷(CH_3Cl)、硝基苯($C_6H_5NO_2$)、苯磺酸($C_6H_5SO_3H$)等都属于烃的衍生物。这些化合物,从结构上说,都可以看成是烃分子里的氢原子被其他原子或原子团取代而衍变成的,因此叫做烃的衍生物(derivative of hydrocarbon)。

烃的衍生物的种类很多,本章将分别以乙醇、乙醛、乙酸等为代表物,着重介绍醇、醛、羧酸等衍生物的一些性质和用途。

教学目标

1. 了解并掌握乙醇、苯酚、乙酸、乙酸乙酯的相关性质。
2. 熟悉葡萄糖、蔗糖;淀粉、纤维素的相关性质。
3. 了解蛋白蛋的相关性质。

第一节　乙醇　苯酚

乙醇俗称酒精,是我们比较熟悉的一种有机物,在初中化学里已经学过乙醇的一些性质,这里我们将进一步学习乙醇的化学性质。

乙醇可以看做是乙烷分子里的一个氢原子被羟基(—OH)取代后的产物,乙醇的结构式是
$$H-\overset{\overset{\displaystyle H}{|}}{\underset{\underset{\displaystyle H}{|}}{C}}-\overset{\overset{\displaystyle H}{|}}{\underset{\underset{\displaystyle H}{|}}{C}}-OH$$
,简写为 CH_3CH_2OH 或 C_2H_5OH。

一、乙醇的化学性质

1. 乙醇与钠的反应

【实验8—1】　在大试管里注入 2 mL 左右无水乙醇,再放入 2 小块新切下并用滤纸擦干的金属钠,迅速用一配有导管的单孔塞塞住试管口,用一小试管倒扣在导管上(如图 8—1),收集反应中放出的气体并验纯。确定气体的纯度后,在导管口点燃,观察气体燃烧的现象;然后把一个凉的干燥小烧杯罩在火焰上方(如图 8—1),片刻后可看到烧杯壁上出现水滴,迅速倒

转烧杯,向烧杯内注入少量澄清的石灰水,振荡,观察石灰水的变化。

(a)   (b)

图8-1 乙醇与金属钠的反应

通过实验可知,反应放出的气体可在空气中安静地燃烧,火焰呈淡蓝色;烧杯壁上有水滴生成,而且加入烧杯中的澄清的石灰水不变浑浊,说明反应生成的气体是氢气。在这个反应里,金属钠置换出了羟基中的氢,生成了乙醇钠,反应的化学方程式是

$$2CH_3CH_2OH + 2Na \longrightarrow 2CH_3CH_2ONa + H_2 \uparrow$$

这个反应类似于水与钠的反应,因此,乙醇可以看做是水分子里的氢原子被乙基取代的产物。乙醇与钠的反应比水与钠的反应要缓和得多,这说明乙醇羟基中的氢原子不如水分子中的氢原子活泼。

2. 消去反应

我们已经知道,乙醇在有浓硫酸作催化剂的条件下,加热到170 ℃即生成乙烯。其反应的化学方程式是

$$\underset{\substack{|\ \ |\\ H\ OH}}{\overset{\substack{H\ H\\ |\ \ |}}{H-C-C-H}} \xrightarrow[170℃]{浓硫酸} CH_2=CH_2 \uparrow + H_2O$$

在这个反应里,每一个乙醇分子脱去了一个水分子。像这样,有机化合物在一定条件下,从一个分子中脱去一个小分子(如 H_2O、HBr 等),而生成不饱和(含双键或三键)化合物的反应,叫做消去反应(elirnination reaction)。

从乙醇的上述两个反应可以看出,羟基比较活泼,它决定着乙醇的主要化学性质。

3. 氧化反应

乙醇除了燃烧时能生成二氧化碳之外,在加热和有催化剂(Cu 或 Ag)存在的条件下,也能与氧气发生氧化反应,生成乙醛:

$$2CH_3CH_2OH + O_2 \xrightarrow[\triangle]{催化剂} 2CH_3CHO + 2H_2O$$

工业上根据这个原理,由乙醇制取乙醛。

官能团

在烃的衍生物中,取代氢原子的其他原子或原子团,影响着烃的衍生物的性质,使其具有了不同于相应的烃的特殊性质。例如,乙烷是不溶于水的无色气体,沸点较低;但乙醇却

是可与水无限混溶的液体,沸点相对较高。在化学性质方面,乙醇与乙烷相比,也有其明显的特性。这种决定化合物特殊性质的原子或原子团叫做官能团(functional group)。羟基(—OH)、羧基(—COOH)、硝基(—NO₂)等都是官能团,烯烃和炔烃中分别含有的碳碳双键和碳碳三键也是官能团。

二、乙醇的用途

乙醇的用途很广泛可用做内燃机和实验室的燃料,用乙醇作燃料可减少对空气的污染;可用于制造饮料和香精;乙醇还是一种重要的有机化工原料和溶剂,如用乙醇制造乙酸、乙醚等,可用于溶解树脂,制造涂料等。医疗上常用的消毒酒精含乙醇体积分数为 $70\%\sim75\%$。

酒精的消毒作用

乙醇溶液能用来消毒,是因为乙醇具有很大的渗透能力。能够渗透到细菌体内,使蛋白质凝固。学校里的一些生物标本在浸制过程中常常要用酒精,就是因为在酒精里细菌无法生存和繁殖,标本不会腐烂。

消毒用的酒精并不是纯的酒精。这是因为用纯酒精消毒时,由于酒精浓度高,会一下子就使细菌表面的蛋白质凝固,结果在细菌表面形成一层硬膜。这层硬膜对细菌会产生保护作用,阻止酒精进一步渗入,反而起不到消毒的作用。

除乙醇外,还有一些在结构和性质上跟乙醇很相似的物质,如甲醇(CH_3OH)、丙醇($CH_3CH_2CH_2OH$)等。在它们的分子里都含有跟链烃基相结合的羟基。我们把这一类烃的衍生物统称为醇。

三、苯酚

1. 苯酚

如果羟基与苯环上的碳原子直接相连,其化合物就不属于醇,而是酚。苯分子里只有一个氢原子被羟基取代的生成物是最简单的酚,叫做苯酚,通常简称为酚。苯酚的分子式是 C_6H_6O,结构式是

$$
\begin{array}{c}
OH \\
| \\
C \\
HC \diagup \ \diagdown CH \\
HC \diagdown \ \diagup CH \\
C \\
| \\
H
\end{array}
$$

简写为 ⬡OH 或 C_6H_5OH。

2. 用途

苯酚是一种重要的化工原料,主要用于制造酚醛树脂(俗称电木)等,还广泛用于制造合成纤维、药物、合成香料、染料、农药等。苯酚有毒,它的浓溶液对皮肤有强烈的腐蚀性,使用时要小心,如不慎沾到皮肤上,应立即用酒精洗涤。化工系统和炼焦工业的废水中常含有酚类,在排放之前也必须经过处理。但是苯酚的稀溶液可直接用做防腐剂和消毒剂,如日常所用的药皂中就掺入了少量苯酚。

3. 性质

纯净的苯酚是无色的晶体,露置在空气里会因小部分发生氧化而呈粉红色。苯酚具有特殊的气味,熔点为43 ℃,在水中的溶解度不大,当温度高于65 ℃时,则能与水混溶。苯酚易溶于乙醇等有机溶剂。

苯酚分子里羟基与苯环直接相连,二者会相互影响,使得酚中羟基上的 H 比醇中羟基上的 H 活泼;酚中苯环上的 H 也比芳烃苯环上的 H 活泼。如乙醇不能与碱反应生成盐,苯酚则可与 NaOH 溶液反应生成苯酚钠:

苯酚的酸性比碳酸弱,不能使指示剂变色。

再如,在常温下,不需要催化剂,苯酚就能很容易地与溴发生取代反应,生成白色的三溴苯酚沉淀:

试一试

自制甜酒酿

称取糯米 1 kg,淘洗干净,用清水浸泡一昼夜,沥干后,蒸熟,冷却到约 40 ℃。将 10 g 酒曲(含有糖化酶、酒化酶等催化剂)研成粉末,加入少量冷开水调成浑浊液,分数次加入糯米饭中,搅拌均匀,装入经过开水灭菌的容器中,轻轻压实,再在中间掏一个圆形小洞直至容器底部(以免发酵时中间温度过高,影响反应),然后将容器盖好,放在 30 ～40 ℃的环境中。经过 2 天后,发酵过程基本完成,即可食用。酿制成功的酒酿香甜可口,且有浓郁酒香。

知识库

判断酒后驾车的方法

司机酒后驾车容易肇事,因此交通法规禁止酒后驾车。怎样判断驾车人是否为酒后驾车呢? 一种科学、简便的检测方法是使驾车人呼出的气体接触载有经过硫酸酸化处理的强氧化剂三氧化铬(CrO_3)的硅胶,如果呼出的气体中含有乙醇蒸气,乙醇会被三氧化铬氧化成乙醛,同时,三氧化铬被还原为硫酸铬。

三氧化铬与硫酸铬的颜色不同,通过颜色的变化,即可知驾车人是否喝了酒。

第二节　乙醛　丙酮

在学习乙醇的化学性质时,曾经提到过乙醛,它是乙醇氧化后的一种产物。乙醛的分子式

是 C_2H_4O,结构式是:

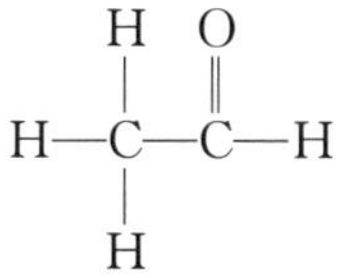

简写为 CH_3CHO,其分子比例模型如图 8-2 所示。

图 8-2 乙醛分子的比例模型

一、乙醛的性质

乙醛是无色、具有刺激性气味的液体,密度比水小,沸点是 20.8 ℃。乙醛易挥发,易燃烧,能跟水、乙醇、氯仿等互溶。

从结构上乙醛可以看成是甲基跟醛基($-\overset{O}{\overset{\|}{C}}-H$)相连而构成的化合物。由于醛基比较活泼,乙醛的化学性质主要由醛基决定。例如,乙醛的加成反应和氧化反应,都发生在醛基上。

1. 氧化反应

在有机化学反应中,通常把有机物分子中加入氧原子或失去氢原子的反应叫做氧化反应。乙醛易被氧化,如在一定温度和催化剂存在的条件下,乙醛能被空气中的氧气氧化成乙酸:

$$2CH_3-\overset{O}{\overset{\|}{C}}-H + H_2 \xrightarrow[\triangle]{催化剂} 2CH_3COOH$$

在工业上,可以利用这个反应制取乙酸。

乙醛不仅能被 O_2 氧化,还能被弱氧化剂所氧化。

2. 加成反应

乙醛分子中的碳氧双键上能够发生加成反应。例如,使乙醛蒸气和氢气的混合气体通过热的镍催化剂,乙醛与氢气即发生加成反应:

$$CH_3-\overset{O}{\overset{\|}{C}}-H + H_2 \xrightarrow[\triangle]{催化剂} CH_3CH_2OH$$

在有机化学反应中,通常把有机物分子中加入氢原子或失去氧原子的反应叫做还原反应。乙醛与氢气的加成反应就属于还原反应。

【实验 8-2】 在洁净的试管里加入 1 mL 2% 的 $AgNO_3$ 溶液,然后一边摇动试管,一边逐滴滴入 2% 的稀氨水,至最初产生的沉淀恰好溶解为止(这时得到的溶液叫做银氨溶液)。再滴入 3 滴乙醛,振荡后把试管放在热水浴中温热并观察现象。

不久可以看到,试管内壁上附着一层光亮如镜的金属银,如图 8-3 所示。

在这个反应里,硝酸银与氨水生成的银氨溶液中含有 $Ag(NH_3)_2OH$(氢氧化二氨合银),这是一种弱氧化剂,它能把乙醛氧化成乙酸,乙酸又与氨反应生成乙酸铵,而 Ag^+ 被还原成金

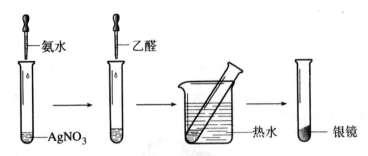

图8－3　乙醛的银镜反应

属银：

$$CH_3CHO + 2Ag(NH_3)_2OH \xrightarrow{\triangle} CH_3COONH_4 + 2Ag\downarrow + 3NH_3 + H_2O$$
$$\qquad\qquad\qquad\qquad\qquad\quad 乙酸铵$$

还原生成的银附着在试管壁上,形成银镜,所以,这个反应叫做银镜反应(silver mirror reaction)。

银镜反应常用来检验醛基的存在。工业上可利用这一反应原理,把银均匀地镀在玻璃上制镜或保温瓶胆(生产上常用含有醛基的葡萄糖作为还原剂)。

此外,另一种弱氧化剂即新制的$Cu(OH)_2$也能使乙醛氧化。

【实验8－3】　在试管里加入10％的NaOH溶液2 mL,滴入2％的$CuSO_4$溶液4～6滴,振荡后加入乙醛溶液0.5 mL(图8－4),加热至沸腾,观察现象。

图8－4　乙醛与$Cu(OH)_2$反应

可以看到,溶液中有红色沉淀产生。该红色沉淀是Cu_2O,它是由反应中生成的$Cu(OH)_2$被乙醛还原产生的：

$$Cu^{2+} + 2OH^- = Cu(OH)_2\downarrow$$

$$CH_3CHO + 2Cu(OH)_2 \xrightarrow{\triangle} CH_3COOH + Cu_2O\downarrow + 2H_2O$$

这个反应也可以用来检验醛基的存在。

在有机化合物中,还有许多在分子结构和化学性质上跟乙醛相似的物质,如甲醛(HCHO)(质量分数为35％～40％的甲醛水溶液俗称福尔马林)、丙醛(CH_3CH_2CHO)、丁醛($CH_3CH_2CH_2CHO$)等,像这种由烃基与醛基相连(甲醛例外)而构成的有机化合物称为醛(aldetlyde)。由于醛的分子里都含有醛基,它们的化学性质很相似。例如,它们都能被还原成醇,被氧化成羧酸,都能起银镜反应等。

由于醛基很活泼,可以发生很多反应,因此醛在有机合成中占有重要的地位。在工农业生产上和实验室中,醛被广泛用做原料和试剂;有些醛本身就可用做药物和香料。

二、丙酮的性质

丙酮的分子式是 C_3H_6O,它的结构式是 $CH_3—\overset{\displaystyle O}{\overset{\displaystyle \|}{C}}—CH_3$,简写为 CH_3COCH_3。

丙酮是一种无色、有气味的液体,密度小于水,易挥发、易燃烧;可与水、乙醇及乙醚等以任意比互溶。

丙酮是一种重要的有机溶剂,能溶解脂肪、树脂、橡胶等很多有机物。

由于丙酮分子中没有醛基,丙酮没有还原性,不能起银镜反应。丙酮在催化剂存在的条件下,可以跟氢气起加成反应,生成醇。

第三节　乙酸　乙酸乙酯

一、乙酸的化学性质

1. 乙酸的结构

乙酸又名醋酸,它是食醋的主要成分,是日常生活中经常接触的一种有机酸。乙酸的分子式是 $C_2H_4O_2$,结构式是

$$CH_3—\overset{\displaystyle O}{\overset{\displaystyle \|}{C}}—OH$$

简写为 CH_3COOH。

乙酸从结构上可以看成是甲基和羧基 $—\overset{\displaystyle O}{\overset{\displaystyle \|}{C}}—OH$ （或—COOH）相连而构成的化合物。乙酸的化学性质主要由羧基决定。

2. 乙酸的酸性

如图 8-5 所示,乙酸与 Na_2CO_3 反应。

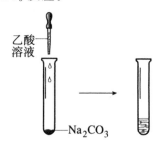

图 8-5　乙酸与 Na_2CO_3 的反应

二、乙酸乙酯

乙酸乙酯是无色透明、有果香味的液体,易挥发,密度小于水,可与乙醇、丙酮等混溶。

酯的重要性质是在一定条件下能够跟水发生水解反应(hydrolysis reaction)。在酸(或碱)存在的条件下,乙酸乙酯发生水解反应生成乙酸和乙醇(图 8-6):

$$CH_3COOC_2H_5 + H_2O \underset{无机酸}{\rightleftharpoons} CH_3COOH + C_2H_5OH$$

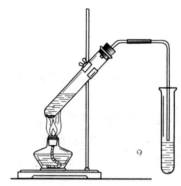

图 8—6　生成乙酸乙酯的反应

乙酸乙酯主要用做清漆的稀释剂,以及人造革、硝酸纤维素、塑料等的溶剂,也是制造香料、染料和药物等的原料。

三、肥皂及合成洗涤剂

1. 合成洗涤剂

合成洗涤剂是根据肥皂去污原理合成的分子中具有亲水基和憎水基的物质(图 8—7)。它分固态的洗衣粉和液态的洗涤剂两大类。它的主要成分一般是烷基苯磺酸钠或烷基磺酸钠等。根据不同的需要,采用不同的配比和添加剂,可以制得不同性能、不同用途、不同品种的合成洗涤剂。例如在洗衣粉中加入蛋白酶,可以提高对血渍、奶渍等蛋白质污物的去污能力。

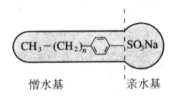

憎水基　　　　　亲水基

图 8—7　合成洗涤剂分子结构示意图

跟肥皂比较,合成洗涤剂有显著的优点。

• 肥皂不适合在硬水中使用,而合成洗涤剂的使用不受水质限制。因为硬水中的钙、镁离子会跟肥皂生成高级脂肪酸钙、镁盐类沉淀,使肥皂丧失去污能力;而合成洗涤剂在硬水中生成的钙、镁盐类能够溶于水,不会丧失去污能力。

• 合成洗涤剂去污能力更强,并且适合洗衣机使用。

• 合成洗涤剂的原料便宜。制造合成洗涤剂的主要原料是石油,而制造肥皂的主要原料是油脂,石油比油脂更价廉易得。

由于合成洗涤剂有上述优点,因此它发展很快。但是随着合成洗涤剂的大量使用,含有合成洗涤剂的废水大量排放到江河中,造成了水体污染。原因是有的洗涤剂十分稳定,难于被细菌分解,污水积累,使水质变坏。有的洗涤剂含有磷元素,造成水体富营养化,促使水生藻类大量繁殖,水中的溶解氧降低,也使水质变坏。目前,合成洗涤剂导致的水体污染已引起人们极大的关注,并正积极研制无磷等新型洗涤剂,以减轻对环境的污染。

2. 肥皂

肥皂的有效成分是高级脂肪酸的钠盐。高级脂肪酸是指含碳原子数较多的羧酸,如硬脂

酸 $C_{17}H_{35}COOH$，其钠盐就是 $C_{17}H_{35}COONa$。

肥皂去污是高级脂肪酸钠起作用。从结构上看，它的分子可以分为两部分，一部分是—COONa 或—COO⁻，它可以溶于水，叫亲水基；另一部分是链状的烃基—R，这一部分不溶于水，叫做憎水基。憎水基具有亲油的性质。在洗涤的过程中，污垢中的油脂跟肥皂接触后，高级脂肪酸钠分子的烃基就插入油污内，而易溶于水的羧基部分伸在油污外面，插入水中。这样油污就被包围起来(如图 8—8)。再经摩擦、振动，大的油污便分散成小的油珠，最后脱离被洗的纤维织品，而分散到水中形成乳浊液，从而达到洗涤的目的。

图 8—8 肥皂去污原理示意图
1—亲水基；2—憎水基；3—油污；4—纤维织品

巧除水垢

家中烧开水的壶和盛放开水的暖瓶或凉瓶，使用时间长了易结水垢，利用乙酸的酸性可有效除去水垢且不会对容器造成污染。方法是：取少量醋(最好使用浓度较大的"醋精")加入需要除垢的容器中，缓慢转动容器使水垢与醋充分接触，浸泡一段时间，再用水清洗即可。如果水垢较厚，可反复多次转动、浸泡，或者多换几次醋并适当增加浸泡时间。

第四节 葡 萄 糖 蔗 糖

一、葡萄糖

葡萄糖是自然界中分布最广的单糖。葡萄糖存在于葡萄和其他带甜味的水果里。蜂蜜里也含有葡萄糖。淀粉等食用糖类在人体中能转化为葡萄糖而被吸收，正常人的血液里约含 0.1％ 的葡萄糖，叫做血糖。

葡萄糖的分子式是 $C_6H_{12}O_6$，它是白色晶体，有甜味，能溶于水。

【实验 8—4】 在 1 支洁净的试管里配制 2 mL 银氨溶液，加入 1 mL 10％ 的葡萄糖溶液，振荡，然后在水浴里加热约 5 min，观察现象。

【实验 8—5】 在试管里加入 2 mL 10％NaOH 溶液，滴加 5 滴 5％ $CuSO_4$ 溶液，再加入 2 mL 10％ 的葡萄糖溶液，加热，观察现象。

从实验 8—4 可以看到有银镜生成，从实验 8—5 可以看到有红色沉淀生成，它是 Cu_2O。

根据上述实验现象，分析葡萄糖分子中含有什么官能团，葡萄糖具有什么性质？

$$CH_2OH—CHOH—CHOH—CHOH—CHOH—CHO$$

它是一种多羟基醛。

葡萄糖是一种重要的营养物质,它在人体组织中进行氧化反应,放出热量,以维持人体生命活动所需要的能量。

$$C_6H_{12}O_6(s) + 6O_2(g) \longrightarrow 6CO_2(g) + 6H_2O(l)$$

1 mol 葡萄糖完全氧化,放出约 2 804 kJ 的热量。

葡萄糖用于制镜业、糖果制造业,还可以用于医药工业。葡萄糖可不经过消化过程而直接为人体所吸收,因此,体弱和血糖过低的患者可利用静脉注射葡萄糖溶液的方式来迅速补充营养。

糖的相关知识

糖类是绿色植物光合作用的产物,是动植物所需能量的重要来源。根据我国居民的食物构成,人们每天摄取的热能中大约有 75% 来自糖类。

糖类(carbohydrate)是由 C、H、O 三种元素组成的一类有机化合物。从前曾把糖类叫做碳水化合物,理由是当时发现它们的组成符合通式 $C_n(H_2O)_m$(n 与 m 可以相同,也可以不同)。随着化学科学的发展,现在发现碳水化合物的名称没有正确反映糖类化合物的组成、结构特征。糖类中的氢原子和氧原子的个数比并不都是 2:1,也并不以水分子的形式存在,如鼠李糖 $C_6H_{12}O_5$;而有些符合 $C_n(H_2O)_m$ 通式的物质也不是碳水化合物,如甲醛 CH_2O、乙酸 $C_2H_4O_2$ 等。所以碳水化合物这个名称虽然仍然沿用,但已失去原来的意义。

糖类根据其能否水解以及水解产物的多少,可以分为单糖、二糖和多糖等几类。单糖不能水解成更简单的糖;二糖能水解,1 mol 二糖水解后产生 2 mol 单糖;多糖也能被水解,1 mol 多糖水解后可产生许多摩尔单糖。

单糖中最重要的是葡萄糖,二糖中最重要的是蔗糖和麦芽糖,多糖中最重要的是淀粉和纤维素。

二、蔗糖和麦芽糖

蔗糖的分子式是 $C_{12}H_{22}O_{11}$。蔗糖为无色晶体,溶于水,是重要的甜味食物。蔗糖存在于不少植物体内,以甘蔗(含糖 11%～17%)和甜菜(含糖 14%～26%)的含量最高。日常生活中所食用的白糖、冰糖、红糖的主要成分都是蔗糖。

【实验8-6】 在 2 支洁净的试管里各加入 20% 的蔗糖溶液 1 mL,并在其中 1 支试管里加入 3 滴稀硫酸(1:5)。振荡,把 2 支试管都放在水浴中加热 5 min。然后向已加入稀硫酸的试管中滴加 NaOH 溶液,至溶液刚好呈碱性。最后再向 2 支试管里各加入 2 mL 新制银氨溶液,振荡,在水浴中加热约 5min,然后观察现象。

用新制的 $Cu(OH)_2$ 代替银氨溶液做上述实验,观察现象。

实验说明蔗糖分子中是否含有醛基?蔗糖溶液加酸并加热后,反应产物中是否含有醛基?

从实验中可以看到,蔗糖不发生银镜反应,也不能还原新制的 $Cu(OH)_2$。这说明它的分子结构中不含有醛基,因此不显还原性。在硫酸的催化作用下,蔗糖发生水解反应,生成葡萄糖和果糖:

$$C_{12}H_{22}O_{11} + H_2O \xrightarrow{\text{催化剂}} C_6H_{12}O_6 + C_6H_{12}O_6$$

蔗糖   葡萄糖   果糖

因此蔗糖水解后能发生银镜反应,也能还原新制的 $Cu(OH)_2$。

麦芽糖的分子式是 $C_{12}H_{22}O_{11}$。麦芽糖是白色晶体(常见的麦芽糖是糖膏),易溶于水,有甜味。麦芽糖分子中含有醛基,因此有还原性。在硫酸等催化剂作用下,麦芽糖发生水解反应,1 mol 麦芽糖水解生成 2 mol 葡萄糖。

$$C_{12}H_{22}O_{11} + H_2O \xrightarrow{\text{催化剂}} 2C_6H_{12}O_6$$

麦芽糖   葡萄糖

麦芽糖可用做甜味食物。通常食用的饴糖(如高粱饴),其主要成分就是麦芽糖。

三、食品添加剂与人体健康

食品添加剂是用于改善食品品质、延长食品保存期、增加食品营养成分的一类化学合成或天然物质。一些常见的食品添加剂见表8-1。

表 8-1 一些常见的食品添加剂

类别	功 能	品 种
食品色素	调节食品色泽,改善食品外观	胡萝卜素(橙红色)、番茄红素(红色)、胭脂红酸(红色)、苋菜红(紫红色)、靛蓝(蓝色)、姜黄色素(黄色)、叶绿素(绿色)、柠檬黄(黄色)
食用香料	赋予食品香味,引人愉悦	花椒、茴香、桂皮、丁香油、柠檬油、水果香精
甜味剂	赋予食品甜味,改善口感	各种糖类、糖精(其甜味是蔗糖的 300～500 倍)、木糖醇(可供糖尿病患者食用)
鲜味剂	使食品呈现鲜味,引起食欲	味精(谷氨酸钠)
防腐剂	阻抑细菌繁殖,防止食物腐败	食盐、糖、醋酸、苯甲酸及其钠盐、山梨酸及其盐、丙酸钙
抗氧化剂	抗氧化,阻止空气中的氧气使食物氧化变质	抗坏血酸(维生素 C)、维生素 E、丁基羟基茴香醚
营养强化剂	补充食物中缺乏的营养物质或微量元素	食盐加碘、粮食制品中加赖氨酸、食品中加维生素或硒、锗等微量元素

对于什么物质可以作食品添加剂,以及食品添加剂的使用量,卫生部门都有严格的规定。在规定范围内使用食品添加剂,一般认为对人体健康无害。如果违反规定将一些不能作为食品添加剂的物质当做食品添加剂,或者超量使用食品添加剂,均会损害人体健康。例如使用一些不能食用的染料给食品染色,或配制饮料,就有可能危害人体健康或引起食物中毒。又如为了使腌制肉类食品的颜色更为鲜红,超量使用添加剂硝酸盐或亚硝酸盐,将会使肉类食品中产生亚硝胺。它是一种致癌物质,有诱发人体患癌症的危险。

第五节　淀粉　纤维素

多糖是能水解生成多个单糖分子的糖类。淀粉和纤维素是最重要的多糖,它们的通式是 $(C_6H_{10}O_5)_n$ 但它们的分子里所包含的单糖单元 $(C_6H_{10}O_5)$ 的数目不同,即 n 值不同。不仅如此,它们的结构也不相同。

一、淀粉

淀粉主要存在于植物的种子或块根里,其中谷类含淀粉较多。例如,大米约含淀粉 80%,小麦约含 70%,马铃薯约含 20%。

淀粉分子中含有几百个到几千个单糖单元,也就是说,淀粉的相对分子质量很大,从几万到几十万,属于天然有机高分子化合物。

1. 淀粉的物理和化学性质

淀粉是白色、无气味、无味道的粉末状物质,不溶于冷水,在热水里淀粉颗粒会膨胀破裂,有一部分淀粉溶解在水里,另一部分悬浮在水里,形成胶状淀粉糊,这一过程称为糊化作用。糊化是淀粉食品加热烹制时的基本变化,也就是常说的食物由生到熟。

通常淀粉不显还原性,但它在催化剂(如酸)存在和加热条件下可以逐步水解,生成一系列比淀粉分子小的化合物,最后生成还原性单糖——葡萄糖。

$$(C_6H_{10}O_5)_n + nH_2O \xrightarrow{\text{催化剂}} nC_6H_{12}O_6$$
$$\text{淀粉} \qquad\qquad\qquad \text{葡萄糖}$$

【实验 8-7】　在试管 1 和试管 2 里各放入 0.5 g 淀粉,在试管 1 里加入 4 mL 20% 的 H_2SO_4 溶液,在试管 2 里加入 4 mL 水,都加热约 4 min。用碱液中和试管 1 里的 H_2SO_4 溶液,把一部分液体倒入试管 3。在试管 2 和试管 3 里都加入碘溶液,观察有没有蓝色出现。在试管 1 里加入银氨溶液,稍加热后,观察试管内壁上有无银镜出现。

通过上述实验可以看到,淀粉用酸催化可以发生水解,生成能发生银镜反应的葡萄糖。而在没加酸的试管中加碘溶液呈现蓝色,说明淀粉没有发生水解。

我们知道,淀粉是没有甜味的,但为什么在吃米饭或馒头时,多加咀嚼就会感到有甜味?原来淀粉在人体内也进行水解。人们在咀嚼米饭或馒头时,一部分淀粉受唾液所含淀粉酶(一种蛋白质)的催化作用,开始水解,生成了麦芽糖;余下的淀粉在小肠里,在胰脏分泌出的淀粉酶的作用下,继续进行水解,生成麦芽糖。麦芽糖在肠液中麦芽糖酶的催化下,水解为人体可吸收的葡萄糖,供人体组织的营养需要。

2. 淀粉的用途

淀粉是食物的一种重要成分,是人体能量的主要来源。它也是一种工业原料,可以用来制造葡萄糖和酒精等。淀粉在淀粉酶的作用下,先转化为麦芽糖,再转化为葡萄糖。葡萄糖受到酒曲里的酒化酶的作用,转化为乙醇。其反应可以简略表示如下:

$$C_6H_{12}O_6 \xrightarrow{\text{催化剂}} 2C_2H_5OH + 2CO_2$$

二、纤维素

1. 纤维素的物理和化学性质

纤维素是白色、无气味、无味道,具有纤维状结构的物质,不溶于水,也不溶于一般有机溶剂。

跟淀粉一样,纤维素也不显还原性,可以发生水解,但比淀粉困难,一般需要在浓酸中或用稀酸在加压下才能进行。纤维素水解的最终产物是否具有还原性呢?

【实验8-8】 把一小团棉花或几小片滤纸放入试管中,加入几滴90%的浓硫酸,用玻璃棒把棉花或滤纸捣成糊状。小火微热,使其成亮棕色溶液。稍冷,滴入3滴5%的 $CuSO_4$ 溶液,并加入10%的 $NaOH$ 溶液中和溶液至出现 $Cu(OH)_2$ 沉淀。加热煮沸,观察现象。

可以看到实验中有红色 Cu_2O 沉淀生成。这说明纤维素水解生成了具有还原性的物质。

纤维素水解的最终产物也是葡萄糖:

$$(C_6H_{10}O_5)_n + nH_2O \xrightarrow[\triangle]{催化剂} nC_6H_{12}O_6$$

纤维素　　　　　　葡萄糖

纤维素分子是由很多单糖单元构成的,每一个单糖单元有3个醇羟基,因此纤维素能够表现出醇的一些性质,如生成硝酸酯、乙酸酯等。

生活中的纤维素

纤维素是构成植物细胞壁的基础物质,因此一切植物中均含有纤维素。各种植物含纤维素多少不一,棉花是含纤维素很丰富的植物,其质量分数可达92%~95%,亚麻中含纤维素达80%,木材中的纤维素约占木材质量的1/2。

纤维素是一种复杂的多糖,它的分子中大约含有几千个单糖单元,相对分子质量约为几十万至百万,因此它也是天然有机高分子化合物。纤维素跟淀粉结构不同,性质也有差异。

2. 纤维素的用途

纤维素的用途十分广泛。棉麻纤维大量用于纺织工业。其他一些富含纤维素的物质,如木材、稻草、麦秸、蔗渣等,可以用来造纸。除此之外,纤维素可以用来制造纤维素硝酸酯、纤维素乙酸酯和黏胶纤维等。

• 纤维素硝酸酯俗名硝酸纤维。工业上把酯化比较完全、含氮量高的纤维素硝酸酯叫做火棉,把含氮量低的纤维素硝酸酯叫做胶棉。火棉可用来制造无烟火药,作为枪弹的发射药。胶棉可用来制造赛璐珞(一种塑料)和油漆。

• 纤维素乙酸酯俗名醋酸纤维,它不易着火,可用于制造电影胶片的片基,也可作纺织工业原料。

• 黏胶纤维是植物茎秆、棉绒等富含纤维素的物质,经过氢氧化钠和二硫化碳等处理后,得到的一种纤维状物质。黏胶纤维中的长纤维俗称人造丝,短纤维俗称人造棉,都可供纺织之用。

• 食物中的纤维素在人体消化过程中也起着重要的作用。

造　纸

造纸是我国古代重大发明之一。根据出土文物考证,我国在公元前二世纪即已能用麻纤维造纸。东汉时,蔡伦总结前人的经验,改进造纸技术,造出了质量较好的纸。造纸技术从公元3世纪由我国传到了朝鲜,七世纪由朝鲜传到了日本,8世纪经中亚传到了阿拉伯,12世纪再传到了欧洲。我国造纸技术的发明,对世界文明的发展曾起过巨大的推动作用。

近代造纸的原料主要用植物纤维.如木材、芦苇、稻草、麦秸、蔗渣等。为了把植物纤维制成纸浆,要用机械的方法和化学的方法处理,把纤维素原料中的非纤维素成分溶解除去,使纤维素分离出来。所得的纸浆,经过漂白、打浆、抄纸(在铜丝网上铺成薄层)、烘干等工序,即得到纸。

应该指出的是,在造纸过程中,要产生大量含有碱、木质素、酸、悬浮物的废水,这些废水如果不经处理就排放,会造成严重的水污染。小造纸厂能耗高、污染严重,因此国家明令关闭,这一措施对于改善我国水污染状况有很大意义,受到广大人民欢迎。

第六节　蛋白质

一、蛋白质的组成

蛋白质是一类非常复杂的化合物,由碳、氢、氧、氮、硫等元素组成。蛋白质的相对分子质量很大,从几万到几千万。例如,烟草斑纹病毒的核蛋白的相对分子质量就超过两千万。因此,蛋白质属于天然有机高分子化合物。

蛋白质在酸、碱或酶的作用下能发生水解,水解的最终产物是氨基酸。下面是几种氨基酸的例子.

甘氨酸 　　　　$CH_2{-}COOH$
　　　　　　　　　$|$
　　　　　　　　NH_2

丙氨酸 　　　　$CH_3{-}CH{-}COOH$
　　　　　　　　　　　$|$
　　　　　　　　　　NH_2

谷氨酸 　　　　$HOOC{-}(CH_2)_2{-}CH{-}COOH$
　　　　　　　　　　　　　　　　$|$
　　　　　　　　　　　　　　　NH_2

因此,我们说氨基酸是蛋白质的基石。

由于氨基酸的种类很多,组成蛋白质时氨基酸的数量和排列又各不相同,所以蛋白质的结构很复杂。研究蛋白质的结构和合成,进一步探索生命现象,是生命科学研究中的重要课题。1965 年我国科学家在世界上第一次用人工方法合成了具有生命活力的蛋白质——结晶牛胰岛素,对蛋白质的研究做出了重要的贡献。

 小锦囊

生活中的蛋白质

蛋白质广泛存在于生物体内,是组成细胞的基础物质。动物的肌肉、皮肤、发、毛、蹄、角等的主要成分都是蛋白质。蛋白质是构成人体的物质基础,它约占人体除水分外剩余质量的一半。许多植物(如大豆、花生、小麦、稻谷)的种子里也含有丰富的蛋白质。一切重要的生命现象和生理机能,都与蛋白质密切相关。如在生物新陈代谢中起催化作用的酶,有些起调节作用的激素,运输氧气的血红蛋白,以及引起疾病的细菌、病毒,抵抗疾病的抗体等,都含有蛋白质。所以说,蛋白质是生命的基础,没有蛋白质就没有生命。

二、蛋白质的性质

蛋白质有的能溶于水,如鸡蛋白;有的难溶于水,如丝、毛等。蛋白质除了能水解为氨基酸外,还具有如下的性质。

1. 盐析

【实验8—9】 在盛有鸡蛋白溶液的试管里,缓慢地加入饱和$(NH_4)_2SO_4$ 或 Na_2SO_4 溶液,观察沉淀的析出。然后把少量带有沉淀的液体加入盛有蒸馏水的试管里,观察沉淀是否溶解,如图8—9所示。

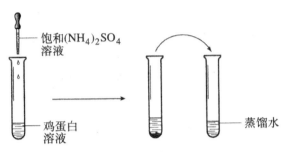

图8—9 蛋白质的盐析

向蛋白质溶液中加入某些浓的无机盐[如$(NH_4)_2SO_4$、Na_2SO_4 等]溶液后,可以使蛋白质凝聚而从溶液中析出,这种作用叫做盐析(saltingout)。这样析出的蛋白质仍可以溶解在水中,而不影响原来蛋白质的性质。因此,盐析是一个可逆的过程。利用这个性质,可以采用多次盐析的方法来分离、提纯蛋白质。

2. 变性

【实验8—10】 在两支试管里各加入3 mL鸡蛋白溶液,给一支试管加热,同时向另一个试管加入少量乙酸铅溶液,观察发生的现象。把凝结的蛋白和生成的沉淀分别放入两支盛有清水的试管里,观察是否溶解。

通过实验说明,蛋白质受热达到一定温度或加入铅盐时就会凝结,这种凝结是不可逆的,即凝结后不能在水中重新溶解。我们把蛋白质的这种变化叫做变性(denaturation)。除加热以外,紫外线、X射线、强酸、强碱,铅、铜、汞等重金属的盐类,以及一些有机化合物,如甲醛、酒精、苯甲酸等,均能使蛋白质发生变性。蛋白质变性后,不仅丧失了原有的可溶性,同时也失去了生理活性。

(1)为什么在农业上用波尔多液(由硫酸铜、生石灰和水制成)来消灭病虫害?

(2)为什么生物实验室用甲醛溶液(福尔马林)保存动物标本?

(3)为什么医院里用高温蒸煮、照射紫外线、在伤口处涂抹酒精溶液等方法来消毒杀菌?

3. 颜色反应

【实验8—11】 在盛有2 mL鸡蛋白溶液的试管里,滴入几滴浓硝酸,微热,观察现象,加图8—10所示。

从上述实验中可以看到,鸡蛋白溶液遇浓硝酸颜色变黄。蛋白质可以跟许多试剂发生特殊的颜色反应。某些蛋白质跟浓硝酸作用会产生黄色。

此外,蛋白质被灼烧时,产生具有烧焦羽毛的气味。

图 8－10　蛋白质的颜色反应

三、营养与膳食平衡

人类为了维持生命与健康,除了阳光与空气外,必须摄取食物。食物的成分主要有糖类、油脂、蛋白质、维生素、无机盐和水六大类,通常称为营养素。它们和通过呼吸进入人体的氧气一起,经过新陈代谢过程,转化为构成人体的物质和维持生命活动的能量。所以,它们是维持人体的物质组成和生理机能不可缺少的要素,也是生命活动的物质基础。表 8－2 列出了有关人体内主要物质含量的数据。

表 8－2　人体内主要物质含量

化合物	占人体质量的百分数/%	化合物	占人体质量的百分数/%
蛋白质	15～18	无机盐	3～4
脂肪	10～15	水	55～67
糖类	1～2	其他	1

油脂是由多种高级脂肪酸与甘油(丙三醇,即含三个羟基的多元醇)生成的甘油酯:

$$
\begin{array}{l}
CH_2\!-\!COOR_1 \\
| \\
CH\!-\!COOR_2 \\
| \\
CH_2\!-\!COOR_3
\end{array}
$$

在通常情况下,油脂有呈固态的,也有呈液态的。一般呈固态的叫做脂肪,呈液态的叫做油。动物油脂通常呈固态,如猪油、牛油、羊油等;植物性油脂通常呈液态,如花生油、豆油、芝麻油等。脂肪和油统称油脂。

1. 营养素的基本知识

营养素在人体内有三方面的功能:供给人体所需的能量;供给人体生长、发育和修补组织所需的原料;调节生理功能,使机体内的物质代谢能够协调进行。

六类营养素中,以糖类、油脂、蛋白质在食物中含量较大,人体对它们的需要量较多,同时它们又是人类热能的来源。因此,将它们称为三大营养素。表 8－3 列出了这三类营养素的主要功能和食物来源。

表 8－3　三大营养素的主要功能、食物来源

	主要功能	食物主要来源
糖类	提供热量,构成机体的主要成分	谷类、豆类、薯类、根茎类(马铃薯、红薯、芋头、藕等)

	主要功能	食物主要来源
油脂	储贮存和供给热量,构成人体细胞的主要成分,维持体温	各种植物性、动物性油脂
蛋白质	构成和修补机体组织,调节生理功能,输送营养素,提供热量	肉类、蛋类、奶类、鱼类、豆类、硬果类等

2. 膳食平衡

人体对各种营养素的需要量因个体因素、环境、工作性质的不同而有所不同。营养的摄入与营养的需要要平衡,营养过多或不足都不利于身体健康。

- 营养过多会出现肥胖,且易患非传染性慢性疾病,如冠心病、高血压、糖尿病等。
- 营养不足则会造成生长迟缓,发育不良,以至形成各种营养缺乏症。
- 保持营养摄入与需要的平衡,一种简单易行的方法是适度饮食,在正常情况下,当人的食欲已得到满足时,热量需要也可满足,体重维持正常。所以,在日常生活中人们常以体重是否正常来衡量饮食是否适度是有道理的。

除注意营养的摄入与需要平衡外,膳食平衡还应注意各种营养之间的搭配平衡,即各营养素之间要保持一定的比例关系,以利它们在机体内的利用。一般认为,糖类、油脂、蛋白质所提供的热能在膳食总热量中分别占 $60\%\sim70\%$、$20\%\sim25\%$、$10\%\sim15\%$ 为宜。

另外,保持定时进餐,食物多样化、不偏食等良好饮食习惯对营养平衡也很重要。

第七节 认识高分子化合物

一、高分子化合物的结构特点

高分子化合物的相对分子质量虽然很大,但是它们的化学组成和分子构造并不复杂,都是由特定的结构单元通过共价键经多次重复连接而成的。例如,聚乙烯分子是由成千上万个结构单元"—CH_2—CH_2—"相互连接而成的。这种特定的结构单元叫做高分子的链节。每个高分子中链节的数目叫做聚合度,用 n 表示。显然,聚合度越大,重复排列的链节数越多,高分子的相对分子质量就越大。

有机高分子化合物的结构分为两种,即线型结构和体型(网状)结构,如图8—11所示。例如,聚乙烯是线型结构,硫化橡胶、酚醛树脂是体型(网状)结构。

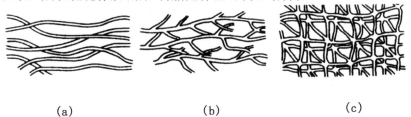

(a)   (b)   (c)

图8—11 有机高分子化合物的结构类型

(a)不带支链的线型结构;(b)带支链的线型结构;(c)交联的体型(网状)结构

高分子化合物的相关介绍

高分子化合物简称高分子,也叫高聚物或聚合物,是相对分子质量高达 $10^4 \sim 10^6$ 的大分子化合物。例如,淀粉和纤维素的相对分子质量从几万到几十万,蛋白质的相对分子质量从几万到几百万或更高;聚氯乙烯的相对分子质量一般为几万到几十万。表8—4是常见低分子化合物和高分子化合物的相对分子质量的比较。

表8—4　常见低分子化合物和高分子化合物的相对分子质量比较

低分子化合物		高分子化合物	
名称	相对分子质量	名称	相对分子质量
葡萄糖	180	低压聚乙烯	6～80
乙烯	28	聚氯乙烯	5～16
丙烯腈	53	聚丙烯腈	5～15
异戊二烯	68	天然橡胶	40～100

二、高分子化合物的基本特性

1. 溶解性

线型高分子化合物,因分子链间可以滑动,一般能溶解于适当的溶剂中。而网状结构的体型高分子化合物,由于分子链间的相对移动很困难,一般不易溶解。

2. 密度和机械强度

高分子材料虽相对密度小,但机械强度高,如玻璃钢的强度比合金钢大1.7倍,比钛钢大1倍。由于质轻、强度高、耐腐蚀、价廉,使得高分子材料在不少场合逐步取代了金属材料,全塑汽车的问世就是一个典型的例子。

3. 弹性和塑性

线型高分子化合物的分子在通常情况下是卷曲的,当受到外力作用时,可拉直伸长,当外力去掉后,分子又会卷曲收缩,这种性质叫做弹性。例如,生胶是一种线型高分子化合物,它有很大的弹性。体型高分子化合物的弹性取决于分子中长链的交联程度。交联程度越大,弹性越小,甚至会失去弹性而成坚硬的物质,如硬橡皮等。

将线型聚乙烯塑料加热到一定温度时,就会变软,这时如将其制成一定的形状,冷至室温,其形状会保持不变,这种性质叫做可塑性。体型高分子化合物因分子中的长链彼此交联,加热时不能软化,因此也就没有可塑性了,例如酚醛树脂等。

4. 电绝缘性

高分子链是原子以共价键结合而成的,一般不易导电,所以高分子材料通常是良好的绝缘材料。它们被广泛应用于电气工业上,如开关面板、电线的包皮、电插座等。

此外,有的高分子材料还具有耐化学腐蚀、耐热、耐磨、不透水、抗辐射等性能,如陶瓷等,可用于某些特殊需求的领域。但是,高分子材料也有易燃烧、易老化和废弃后不易分解等缺点。

第八节 用途广泛的高分子材料

合成高分子材料的品种很多,按用途和性能可分为高分子材料(包括塑料、合成纤维、合成橡胶、黏合剂和涂料等)、功能高分子材料和复合材料。其中,应用最为广泛的是"三大合成材料"——塑料、合成纤维和合成橡胶。

一、塑料

现在研制出的一种以淀粉为主要成分的塑料餐具,既能做餐具盛食物,又能食用,也能做饲料。即使扔在野外遇到雨水也会自行分解,不会污染环境。可以预料,用不了多久,这种可食用的塑料餐具将会日益推广应用,但目前,酚醛树脂仍在餐具市场占有优势。这是造成环境白色污染最主要的来源。

塑料的品种很多,用途也各不相同。根据受热时所表现的性能不同,塑料可分为热塑性塑料(线型高分子)和热固性塑料(体型高分子)。按照实际应用,塑料又可分为通用塑料、工程塑料、耐高温塑料和特种塑料等。几种常见塑料的性质和用途见表8-5。

表8-5 塑料的主要品种、性能和用途

名称	性能	用途
聚乙烯	耐寒、耐化学腐蚀,电绝缘性好,无毒;耐热性差,容易老化;不宜接触汽油、煤油,制成的器皿不宜长时间存放食油、饮料	制成薄膜,可作食品、药物等的包装材料;可制日常用品、管道、绝缘材料、辐射保护衣等
聚丙烯	机械强度好,电绝缘性好,耐化学腐蚀;低温发脆,无毒性	制薄膜、日常用品
聚氯乙烯	耐有机溶剂、耐化学腐蚀,电绝缘性好,耐磨,抗水性好;热稳定性差,遇冷变硬,透气性差,制成的薄膜不宜用来包装食品	硬聚氯乙烯:制管道、绝缘材料等 软聚氯乙烯:电线外皮、制薄膜、软管、日常用品等 聚氯乙烯泡沫塑料:制建筑材料、日常用品等
聚苯乙烯	电绝缘性好,透明度高,室温下硬脆,温度较高时变软,染色后色泽鲜艳;耐溶剂性差	制中频绝缘材料、汽车和飞机零件、电视雷达部件、医疗卫生用品以及离子交换树脂等
聚甲基丙烯酸甲酯	透光性好,质轻,耐水,耐酸碱,容易加工,不易碎裂;耐磨性较差,能溶于有机溶剂	制飞机和汽车用的玻璃、医疗器械、光学仪器、日常用品等
酚醛树脂	电绝缘性好,耐热,抗水;能被强酸、强碱腐蚀	制电工器材、仪表外壳、涂料、日常用品等

名称	性能	用途
环氧树脂	高度黏合力,加工工艺性好,耐化学腐蚀,电绝缘性好,机械强度好,耐热性好	广泛用做黏合剂,制机械零件等;玻璃纤维复合制成的增强塑料用于宇航等领域
聚四氟乙烯	耐低温(-100℃),耐高温(350℃),耐化学腐蚀,电绝缘性好	用做电气、航空、化学、冷冻、医药等工业耐腐蚀、耐高温、耐低温的制品

　　塑料具有质量轻、优良的介电性能和机械性能、化学稳定性高、生产效率高、成本低等优点,因此,塑料制品广泛应用于工业、农业、国防建设和人们日常生活等各个领域。

　　制作聚氯乙烯塑料薄膜采用的基本原料是氯乙烯树脂和适量的增塑剂、稳定剂等。常用的增塑剂是邻苯二甲酸二丁酯和邻苯二甲酸二辛酯,它们都易溶于油中。如果该薄膜接触到油腻食品,增塑剂便会溶解在油中,人吃了这些含苯的物质,对健康是有害的。此外,常用的稳定剂三盐基硫酸铅也是有害物质,它能在人体内积蓄,危害身体。所以,日常生活中,不宜用聚氯乙烯塑料薄膜包装食品。

生活中的塑料

　　日常生活中,人们天天与塑料打交道,究竟什么是塑料呢？塑料的主要成分是合成高分子化合物即合成树脂,如聚乙烯、聚氯乙烯、聚苯乙烯、酚醛树脂等。此外,还有根据需要加入的具有某些特定用途的添加剂,如防止塑料老化的防老化剂、提高塑料塑性的增塑剂等。

　　塑料制品的原料是高分子聚合物,其主要缺点是不易降解和具有一定的毒性。人们随意抛弃在自然界中的废旧塑料包装制品(塑料袋、薄膜、餐盒、饮料瓶、包装填充物等),飘挂在树上,散落在路边、街头、水面、农田等的这种随处可见的污染环境现象,称为"白色污染"。我国自 2008 年 6 月 1 日开始实施的"限塑令",就是为了限制和减少塑料袋的使用,遏制"白色污染"。

　　据国外报道,泡沫塑料餐具在一定温度下会析出剧毒物质二噁嗯英,严重危害人体健康。遗弃的塑料制品如粘有污染物,会成为蚊蝇和细菌生存、繁殖的温床,同样也会危及人体健康。

二、合成纤维

　　纤维分为天然纤维和化学纤维两大类,其中化学纤维又分为人造纤维和合成纤维。人造纤维是利用不能直接纺织的天然纤维(如木材、棉短绒)做原料,经化学处理制成;合成纤维是利用石油、煤、天然气等为原料,经过化学合成和机械物理加工制成的一种纤维。

　　合成纤维工业创立于 20 世纪 40 年代,由于原料丰富、价格低廉、用途广泛等,得到了迅速的发展。被称为合成纤维的"六大纶"(涤纶、锦纶、腈纶、丙纶、维纶和氯纶,性质和用途见表 8—6),因为具有强度高、弹性好、耐腐蚀、不缩水、质轻保暖等优点,大大地改善了人们的衣着水平。此外,在工农业生产和高科技领域,合成纤维也有广泛的应用。如工业用的绝缘材料、渔业用的缆绳、医疗用的输液管、航天用的太空服等都离不开合成纤维。

表8—6 "六大纶"的性质和用途

名称	商品名	性能	用途
聚己内酰胺	锦纶	比棉花轻,强度高,耐磨,耐碱,弹性和染色性好;耐光性差,不能长期暴晒,吸水性差、保型性	制绳索、渔网、轮胎帘子线,降落伞以及衣料织品、袜子等
聚丙烯腈	腈纶或人造毛	比羊毛轻而结实,保暖性、耐光性、弹性好;不容易染色,不耐碱	制衣料织品、毛毯、工业用布、滤布等
聚对苯二甲酸乙二醇酯	涤纶或"的确良"	易洗、易干,保型性好,抗折皱性强,耐磨、耐碱、耐氧化;不耐浓碱,染色性较差	制衣料织品、电绝缘材料、渔网、绳索、运输带、人造血管、轮胎帘子线
聚氯乙烯	氯纶	耐化学腐蚀,保暖性、难燃性、电绝缘性好;耐光性、耐热性、染色性差	制针织品、工作服、绒线、毛毯棉絮、渔网、滤布、帆布和电绝缘材料等
聚丙烯	丙纶	机械强度高,耐磨,耐水,耐化学腐蚀,电绝缘性好;耐热性、耐光性和染色性差	制降落伞、绳索、滤布、网具、工作服、帆布、地毯等
聚乙烯醇缩甲醛	维纶	柔软,吸湿性跟棉花类似,耐光,耐磨,保暖性好;耐热水性和染色性较差	制衣料、窗帘、滤布、桌布、粮食袋等

聚乳酸纤维是一种极易水解的合成纤维,独特的降解作用使之在医学领域具有神奇应用。比如,将聚乳酸纤维用做外科手术缝合线,当伤口愈合时,常常不必拆线。因为,在生物体内,聚乳酸纤维分子会发生水解反应降解为乳酸,并最终通过身体的正常代谢循环排出体外。

除此之外,使用聚乳酸及其共聚物作支持材料,移植器官、组织的生长细胞,还可以形成自然组织,这无疑为重度烧伤及大面积皮肤缺陷病人的康复治疗带来了希望。

三、合成橡胶

橡胶是一种弹性高聚物,具有高弹性,当施以外力时形状发生改变,去除外力后,又能很快地回复到原来的形状,这也是橡胶区别于塑料、纤维等其他高分子材料的主要标志。

橡胶可分为天然橡胶和合成橡胶两种。

• 天然橡胶由橡胶树或橡胶草中的胶乳加工而制得的。

• 而合成橡胶是以石油、天然气或煤等为原料生产出的二烯烃作为结构单元,再使它们聚合而制成的高分子化合物。

合成橡胶自20世纪40年代起得到了迅速发展。目前已有的丁苯橡胶、顺丁橡胶、氯丁橡胶、硅橡胶等,由于在耐磨、耐热、耐燃、耐寒、耐腐蚀和耐老化等方面具有独特的性能,因此在生产生活中得到了广泛应用。图8—12所示为汽车轮胎。表8—7列出几种主要合成橡胶以及它们的性能和用途。

图 8—12　汽车轮胎

表 8—7　几种主要合成橡胶的性能和用途

名称	性能	用途
丁苯橡胶	热稳定性、电绝缘性和抗老化性好	制轮胎、电绝缘材料、一般橡胶制品等
异戊橡胶	与天然橡胶相似,黏结性良好	制轮胎、各种橡胶制品
氯丁橡胶	耐油性好,耐磨、耐酸碱、耐老化,不燃烧;弹性和耐寒性较差	制电线包皮、运输带、化工设备的防腐衬里、防毒面具、胶黏剂等
硅橡胶	耐低温(-100℃)和高温(300℃),抗老化、抗臭氧性、电绝缘性好;机械性能差,耐化学腐蚀性差	制绝缘材料、医疗器械、人造关节以及各种在高温、低温下使用的衬里等

涂料

　　涂料,通常称为"漆",是一种流动状态或粉末状态的、能均匀覆盖并牢固地附着在物体表面上的有机物质。人造漆又称"油漆",是含有干性油、颜料和树脂的合成涂料。油漆有清漆、喷漆、调和漆、瓷漆和防锈漆等。油漆的成分一般包括成膜物质、溶剂和颜料三个部分。成膜物质是油漆的基础,它能使油漆在物体表面形成漆膜,油料、树脂(如天然树脂、合成树脂、硝化纤维)等都是成膜物质;溶剂是油漆的另一种重要成分,如乙醇、甲苯、二甲苯等能把成膜物质树脂变成稀薄的液体以便于刷漆和喷漆。

　　木质家具是家居环境中必不可少的一种用具,供存放衣物、食品、书籍及其他物件等。木质家具的表面都涂有一层涂料,其作用不仅是为了美化表面,更重要的是为了保护家具,延长使用时间。因为家具制作时,木材虽经干燥处理,但由于木材比较疏松,随着环境温度和湿度的变化会变形开裂。有些木材在加工成型后,表面有一种纹理清晰、色彩鲜艳的自然花纹,若长期暴露会氧化变质,失去原来的天然美,因此都需要涂料保护。所以说,涂料是人类现代生活的美容剂。

一、选择题

1. 相同物质的量浓度的下列物质的稀溶液中,pH 最小的是( )。

A. 乙醇　　　　B. 乙酸　　　　C. 乙酸钠　　　　D. 碳酸

2. 下列物质中,能与镁反应并生成氢气的是( )。

A. 醋酸钠　　　　B. 醋酸溶液　　　　C. 苯　　　　D. 碳酸钠溶液

3. 某有机物的结构为 $HO—CH_2—CH=CHCH_2—COOH$,该有机物不可能发生的化学反应是( )。

A. 水解　　　　B. 加成　　　　C. 酯化　　　　D. 氧化

4. 下列说法中,错误的是( )。

A. 通常蔗糖和淀粉都不显还原性

B. 油脂是热能最高的营养物质

C. 纤维素分子是由葡萄糖单元组成的,可以表现出一些多元醇的性质

D. 铜盐可以使蛋白质产生盐析

5. 下列有机反应类型中,可使有机物分子引入羟基的是( )。

A. 加成反应　　　　B. 水解反应　　　　C. 酯化反应　　　　D. 消去反应

6. 下列物质中,水解的最终产物中不含有葡萄糖的是( )。

A. 蔗糖　　　　B. 淀粉　　　　C. 酯　　　　D. 纤维素

7. 下列物质中,不能发生银镜反应的是( )。

A. 甲醛　　　　B. 葡萄糖　　　　C. 蔗糖　　　　D. 棉花

8. 下列有关葡萄糖性质的叙述中,错误的是( )。

A. 能加氢生成六元醇

B. 能发生银镜反应

C. 能与醇发生酯化反应

D. 能被氧化为 CO_2 和 H_2O

9. 各种蛋白质的含氮量都很接近,平均质量分数为( )。

A. 2%　　　B. 10%　　　C. 16%　　　D. 25%

10. 下列氨基酸中,不属于必需氨基酸的是( )。

A. 苯丙氨酸　　　　B. 苏氨酸　　　　C. 丙氨酸　　　　D. 甲硫氨酸

11. 下列物质中,属于合成高分子化合物的是( )。

A. 有机玻璃　　　　B. 淀粉　　　　C. 蛋白质　　　　D. 棉花

12. 下列关于高分子化合物性质的说法中,正确的是( )。

A. 只有线型结构的高分子化合物才具有弹性

B. 高分子化合物中每个分子的相对分子质量是相同的

C. 每个高分子中链节的数目叫做聚合度

D. 无论何种结构的高分子化合物都具有可塑性

13. 通常所说的"白色污染"指的是( )。

A. 聚乙烯等塑料垃圾　　　　　　　　B. 白色的建筑废料

C. 炼制石灰时产生的白色粉尘　　　　D. 金属冶炼厂的白色烟尘

14.不能用于食品包装的物质是(　　)。

A.聚乙烯　　　　B.聚氯乙烯　　　　C.聚丙烯　　　　D.牛皮纸

二、填空题

1.高分子化合物简称_____,是指_____的化合物。在高分子里,每个特定的结构单元称为_____,其数目的多少称为_____。

2.高分子化合物的基本特性主要有_____、_____、_____和_____等。

3._____、_____、_____,被称为用途广泛的"三大合成材料"。

4.纤维可分为_____和_____两大类,锦纶的化学名为_____,聚丙烯腈纤维的商品名为_____或_____。

5.塑料分为_____塑料和_____塑料,前者为_____型高分子,后者为_____型高分子。

6.人造漆是高分子材料,是指含有_____、_____和_____的合成涂料,即通常所说的"油漆"。

三、计算题

1.用50 t含淀粉80%的粮食,可以制得多少吨葡萄糖?(假设葡萄糖的产率为85%)

2.5.0 g不纯的葡萄糖(杂质不与银氨溶液反应)溶于水与足量银氨溶液在试管内混合,用水浴加热,充分反应后,小心倾倒出试管内液体,将试管干燥、称重,发现试管质量增加5.5 g。求葡萄糖的质量分数。

附录:实验

实验一 化学实验基本操作练习

实验目的

复习药品的取用、试管和试纸使用的基本操作。

实验用品

试管、试管夹、铁架台、酒精灯、镊子、药匙、火柴。

$CuSO_4$ 溶液、$CuSO_4 \cdot 5H_2O$ 晶体、NaOH 溶液、稀硫酸、CuO、NH_4Cl、红色石蕊试纸或 pH 试纸。

实验步骤

1. $CuSO_4$ 与 NaOH 反应

取 1 支试管,加入约 2 mL $CuSO_4$ 溶液,再加入 1~2 mL NaOH 溶液,振荡,即得蓝色 Cu(OH)$_2$ 沉淀。操作如图附 1-1、图附 1-2 所示。

附图 1-1 倾倒液体药品

附图 1-2 振荡试管

注意

• 拿试剂瓶时,标签应对手心。以免残留在瓶口的药液流下来,腐蚀标签。

• 取完液体后,应将试剂瓶口在试管口上靠一下,以除去残留在瓶口的药液,并立即盖紧瓶塞,把瓶子放回原处。

• 振荡试管时由手腕用力,动作应轻一些。

2. 加热 $CuSO_4 \cdot 5H_2O$ 晶体

在试管里加入 1 药匙 $CuSO_4 \cdot 5H_2O$ 晶体,把试管固定在铁架台上,加热,至固体由蓝色变成白色为止。操作如附图 1-3 所示。

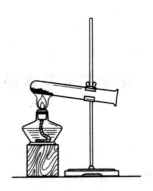

附图 1－3　加热 $CuSO_4 \cdot 5H_2O$ 晶体

注意

- 将试管固定在铁架台上时,试管口应略向下倾斜。(为什么?)
- 移动酒精灯,给试管预热,然后加热试管底部盛药品处。
- 反应完毕,撤去酒精灯,待试管冷却后再从铁架台上取下。

3. NH_4Cl 与 $NaOH$ 溶液反应

将 1 药匙 NH_4Cl 放入试管中,再加入 3 mL $NaOH$ 溶液,加热,用手扇动并闻放出气体的气味,并用湿润的试纸试验它的酸碱性,操作如附图 1－4 所示。

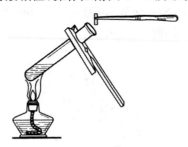

附图 1－4　用试纸试验气体的酸碱性

注意

- 试纸分红色石蕊试纸、蓝色石蕊试纸和 pH 试纸等几种,本实验可用红色石蕊试纸或 pH 试纸。
- 先用蒸馏水把试纸润湿,用镊子夹持滤纸,使其接近放出待测气体的试管口(不要与管口接触),观察试纸颜色的改变。如用红色石蕊试纸,则试纸变成蓝色,证明气体 NH_3 溶于水呈碱性。如用 pH 试纸,可与标准比色卡比较以确定气体水溶液的 pH。
- 如被测物质为水溶液,可将试纸撕一小片放在干净的表面皿或玻璃片上,用玻璃棒蘸待测溶液并点在试纸上,观察试纸颜色的变化,并从而判断溶液的酸碱性。
- 取用试纸后,应将盛放试纸的容器盖严,以免试纸被实验室的一些气体玷污变质。

问题和讨论

1. 以上 4 个实验各发生了什么化学反应? 写出有关反应的化学方程式。
2. 加热 $CuSO_4 \cdot 5H_2O$ 晶体时,为什么试管口要微微向下倾斜?
3. 应该怎样用试纸检验气体的酸碱性?

实验二 测定溶液的 pH

实验目的

学会测定溶液 pH 的方法,加深对电解质溶液的认识。

实验仪器、药品

试管、滴管、玻璃棒、玻璃片。

0.1 mol/L CH_3COOH 溶液、2% 的氨水、NaCl 溶液、0.1 mol/L HCl 溶液、0.1 mol/L NaOH 溶液、0.1 mol/L CH_3COOH 溶液、1 mol/L CH_3COONa 溶液、饱和 Na_2CO_3 溶液、石蕊溶液、酚酞溶液、pH 试纸及标准比色卡。

实验步骤

1. pH 试纸的使用

取一小块 pH 试纸放在玻璃片上,用干净的玻璃棒蘸取少量的 0.1 mol/L CH_3COOH 溶液点在 pH 试纸上,观察试纸的颜色变化并跟标准比色卡比较,记录测得的 pH。

用同样的方法,分别测试 2% 的氨水和 NaCl 溶液的 pH,注意每次使用玻璃棒时,均应用蒸馏水清洗并用滤纸吸干后,再蘸取被测液。

实验记录

电解质溶液	0.1 mol/L CH_3COOH 溶液	2% 的氨水	NaCl 溶液
pH			

2. 测定几种溶液的 pH

取两支试管,各加入少量 0.1 mol/L HCl 溶液,用 pH 试纸分别测定其酸碱度,然后,向两支试管中分别滴 1 滴酚酞溶液和石蕊溶液,观察现象并记录。

按同样的步骤依次用下表所列的其他溶液进行实验,观察现象并记录。

实验记录:

电解质溶液	pH	现象	
		滴加酚酞溶液	滴加石蕊溶液
0.1 mol/L HCl 溶液			
0.1 mol/L NaOH 溶液			
稀释后的 0.1 mol/L CH_3COOH 溶液			
1 mol/L CH_3COONa 溶液			
饱和 Na_2CO_3 溶液			

3. 土壤酸碱度的测定

在校园或农田取少许土壤样品。将少量土样和蒸馏水按 1 : 5 质量比混合,充分搅拌,取澄清液并用 pH 试纸测试其酸碱度。

问题和讨论

1. 利用本实验的实例,说明影响溶液 pH 的因素有哪些。

2. 查阅资料,了解选取土壤样品时有哪些方法,取样时应该注意的问题是什么?

实验三　配制一定物质的量浓度的溶液

实验目的

1. 练习配制一定物质的量浓度的溶液。
2. 加深对物质的量浓度概念的理解。
3. 了解容量瓶的使用方法。
4. 初步学会浓硫酸稀释的操作方法。

实验用品

烧杯、容量瓶(100 mL)、胶头滴管、量筒、玻璃棒、药匙、滤纸、托盘天平。
NaCl、18.4 mol/L 浓硫酸、蒸馏水。

实验步骤

1. 配制 100 mL 2.0 mol/L NaCl 溶液。

(1)计算溶质的质量　计算配制 100 mL 2.0 mol/L NaCl 溶液所需 NaCl 固体的质量。

(2)称量　在托盘天平上称量出所需质量的 NaCl 固体。

(3)配制溶液

•把称好的 NaCl 固体放入烧杯中,再向烧杯中加入 40 mL 蒸馏水,用玻璃棒搅拌,使 NaCl 固体完全溶解。

•将烧杯中的溶液沿玻璃棒转移到容量瓶中,用少量蒸馏水洗涤烧杯 2～3 次,并将洗涤液也全部转移到容量瓶中。轻轻摇动容量瓶,使溶液混合均匀。

•继续向容量瓶中加入蒸馏水,直到液面在刻度线以下 1～2 cm 时,改用胶头滴管逐滴加水,使溶液凹面恰好与刻度相切。盖好容量瓶瓶塞,反复颠倒、摇匀。

(4)将配制好的溶液倒入试剂瓶中,贴好标签。

2. 用 18.4 mol/L 浓硫酸配制 100 mL 3.0 mol/L H_2SO_4 溶液。

(1)计算所需 18.4 mol/L 浓硫酸的体积　计算配制 100 mL 3.0 mol/L H_2SO_4 溶液所需 18.4 mol/L 浓硫酸的体积。

(2)量取 18.4 mol/L 浓硫酸的体积　在一个烧杯中注入约 40 mL 蒸馏水,用量筒量取所需体积的 18.4 mol/L 浓硫酸,然后小心地将浓硫酸沿着烧杯壁慢慢地注入水中,并用玻璃棒不断搅动,使其混合均匀,并放置至室温。

(3)配制溶液　将烧杯中的溶液沿玻璃棒转移到容量瓶中。用少量蒸馏水洗涤烧杯和玻璃棒 2～3 次。并将洗涤液也转移到容量瓶中,然后加蒸馏水至刻度。盖好容量瓶瓶塞。反复颠倒、摇匀。

(4)将配制好的 100 mL 3.0 mol/L H_2SO_4 溶液倒入试剂瓶中,贴好标签。

问题和讨论

1. 应该怎样称量 NaOH 固体?

2. 稀释浓硫酸时要注意什么？

3. 在用容量瓶配制溶液时，如果加水超过了刻度线，倒出一些溶液，再重新加水到刻度线。这种做法对吗？如果不对，会引起什么误差？

4. 将烧杯里的溶液转移到容量瓶中以后，为什么要用蒸馏水洗涤烧杯 2～3 次，并将洗涤液也全部转移到容量瓶中？

实验四　周期表中元素性质的递变

实验目的

巩固对周期表中元素性质递变规律的认识。

实验用品

试管、锥形瓶(100 mL)、试管夹、试管架、量筒、胶头滴管、酒精灯、点滴板、小刀、滤纸、玻璃片、镊子、砂纸、火柴。

钠、钾、镁条、铝片、氯水(新制的)、溴水、NaOH 溶液(1 mol/L)、NaCl 溶液、NaBr 溶液、NaI 溶液、$MgCl_2$ 溶液、$AlCl_3$ 溶液、稀盐酸(1 mol/L)、酚酞试液。

实验步骤

1. 同周期元素性质的递变

根据所学知识,设计实验,比较:①钠、镁、铝与水的反应;②镁、铝与酸的反应;③$MgCl_2$ 溶液、$AlCl_3$ 溶液与碱的反应。将实验结果填入表中,并归纳出有关结论。

(1)钠、镁、铝与水的反应:

	现　　象
钠	
镁	
铝	
结论	

(2)$MgCl_2$ 溶液、$AlCl_3$ 溶液与碱(NaOH 溶液)的反应:

	现　　象
$MgCl_2$	
$AlCl_3$	
结论	

(3)镁、铝与酸(稀盐酸)的反应:

	现　　象
镁	
铝	
结论	

2.同主族元素性质的递变

(1)向一个锥形瓶里注入 50 mL 水。取绿豆大的一块钾投入水中,观察现象。向水中滴入 3 滴酚酞试液,观察现象。比较钠与水反应和钾与水反应的现象。

(2)取一块白色点滴板,在三个孔穴中分别滴入 3 滴 NaCl 溶液、NaBr 溶液和 NaI 溶液,再向各孔穴中分别滴入 2 滴新制的氯水(如附图 4—1)。观察现象。

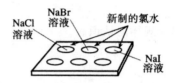

附图 4—1　卤素之间的置换反应

(3)用溴水代替氯水在另三个孔穴中做上述实验,观察现象。

问题和讨论

1. 实验中所用的氯水为什么需要新制的?

2. 通过比较钠与水和钾与水的反应,以及氯、溴、碘之间的置换反应,能得出什么结论?写出本实验中有关反应的化学方程式。

实验五　钠及其化合物

实验目的

1. 通过钠及其化合物性质的实验,加深对碱金属及其化合物性质的认识。
2. 初步学会利用焰色反应检验钠离子。

实验用品

烧杯、试管、试管夹、胶头滴管、铁架台、酒精灯、粗玻璃管($10\ mm \times 100\ mm$)、橡胶塞、药匙、铂丝、蓝色钴玻璃片、玻璃片、镊子、滤纸、铝箔、火柴、小刀。

钠、Na_2CO_3、$NaHCO_3$、KCl、稀盐酸、酚酞试液、澄清的石灰水。

实验步骤

1. 钠的性质

(1)应怎样取用金属钠?将钠放在玻璃片上,用小刀切下绿豆大小的一块钠。感觉钠的硬度,观察新切开的钠的光泽以及在空气中的变化。

(2)在小烧杯里预先倒入一些水,然后用镊子把切下的钠放入烧杯里,并迅速用塑料片将烧杯盖好(如附图5-1)。观察发生的现象。向烧杯里滴几滴酚酞试液,有什么现象发生?

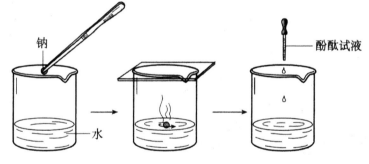

附图5-1　钠与水的反应

(3)另切一小块钠(绿豆大),用铝箔(事先用针刺一些小孔)包好,再用镊子夹住,放在图附5-2所示装置的试管口下。等试管中气体收集满时,把试管倒着移近酒精灯点燃,有什么现象发生?说明反应中生成了什么气体?向烧杯中滴几滴酚酞试液。观察溶液颜色的变化。为什么会发生这样的变化?

(4)将绿豆大的一块钠放入玻璃管中部,并用试管夹夹住玻璃管,加热(如附图5-3)。当钠熔成小球并开始燃烧时,停止加热,将玻璃管稍稍倾斜。观察反应产物的颜色、状态,写出反应的化学方程式。(此实验也可在蒸发皿中进行。)

将玻璃管里的物质转移到小试管中,滴入2滴水,并立即用带有余烬的火柴梗检验放出的气体,有什么现象发生?写出反应的化学方程式。

2. $NaHCO_3$受热分解

在一干燥的试管里放入1 g左右的$NaHCO_3$粉末。用带有导管的塞子塞紧试管口,并将

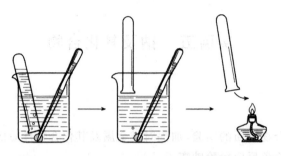

附图 5－2　收集并检验钠与水反应生成的气体

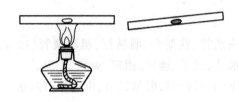

附图 5－3　钠与氧气的反应

试管固定在铁架台上,使试管口略向下倾斜。导管的另一端浸入盛有澄清的石灰水的试管里(如附图 5－4)。

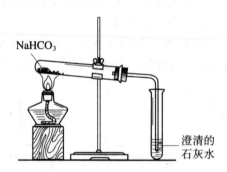

附图 5－4　$NaHCO_3$ 的受热分解

给试管中的 $NaHCO_3$ 加热。观察发生的现象,写出有关反应的化学方程式。

当从导管口逸出的气体减少时,先将导管从液体中移出,再熄灭酒精灯。

3. Na_2CO_3 和 $NaHCO_3$ 与酸的反应

在两支试管中分别放入少量的 Na_2CO_3 和 $NaHCO_3$ 粉末。再向每支试管中各加入少量稀盐酸,将反应放出的气体分别通入澄清的石灰水中并观察现象。

4. 焰色反应

(1)把铂丝用盐酸洗涤后灼烧(附图 5－5),反复多次,直至火焰变为无色。然后用铂丝蘸一些 KCl 粉末,放到酒精灯火焰上灼烧,隔着蓝色钴玻璃观察火焰的颜色(附图 5－6)。

(2)用干净的铂丝分别蘸 Na_2CO_3 粉末以及 Na_2CO_3 与 KCl 混合物粉末,放在酒精灯火焰上灼烧。观察现象。在观察混合物的焰色反应时,先直接观察,再隔着蓝色钴玻璃观察。(为什么?)

问题和讨论

1. 做钠与水反应的实验时,试管中为什么不能有气体? 把试管往上提起时,如果试管口

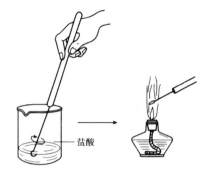

图 5－5 铂丝的清洗和灼烧

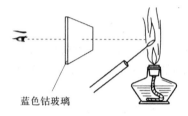

蓝色钴玻璃

图 5－6 观察钾的焰色反应

露出水面会有什么情况发生?

2. 做好焰色反应的关键是什么?

3. 在 $NaHCO_3$ 加热分解的实验完成时,为什么要先将导管移出烧杯,然后再熄灭酒精灯?

实验六　铝和铁

实验目的

1. 认识铝、铁的重要化学性质。
2. 了解氢氧化铝的两性。
3. 学会检验铁离子的方法。

实验用品

试管、烧杯、滴管、砂纸、玻璃片、小刀、镊子、酒精灯、火柴。

1 mol/L 硫酸、3 mol/L HCl 溶液、10% NaOH 溶液、0.1 mol/L $Al_2(SO_4)_3$ 溶液、0.1 mol/L $AlCl_3$ 溶液、15% $CuSO_4$ 溶液、$FeCl_3$ 稀溶液、1 mol/L $FeSO_4$ 溶液、氨水、0.002 mol/L $KMnO_4$ 溶液、0.02 mol/L KSCN 溶液、铝片、铁丝、铁粉、蒸馏水。

实验步骤

1. 铝及其化合物的性质

(1) 在两支试管里各加入 1 mL $Al_2(SO_4)_3$ 溶液,然后分别逐滴加入 NaOH 溶液和氨水,直到产生大量的沉淀。再继续分别滴加 NaOH 溶液和氨水,观察现象。静置后,倒去上层清液,留待下个实验用。写出有关反应的化学方程式。

用 $AlCl_3$ 溶液代替 $Al_2(SO_4)_3$ 溶液重复做上面的实验。写出有关反应的化学方程式。

(2) 在两支试管里分别加入 2 mL 盐酸、2 mL NaOH 溶液,再分别放入用砂纸打磨好的铝片,微热,观察发生的现象并解释原因。

(3) 将上述实验所生成的 $Al(OH)_3$ 沉淀分装在两支试管里,分别加入盐酸和 NaOH 溶液,振荡。观察发生的现象。写出有关反应的化学方程式和离子方程式。

2. 铁及其化合物的性质

(1) 在两支试管各加入少量铁粉,再分别加入少量稀硫酸和盐酸,观察现象。

(2) 在一支试管里加入少量 $FeCl_3$ 溶液,再逐渐加入 NaOH 溶液,直至过量。观察现象。

(3) 在一支试管里加入 2 mL $CuSO_4$ 溶液,再将一段铁丝放到 $CuSO_4$ 溶液中,过一会儿,取出铁丝,观察发生的现象并加以解释。

(4) 在一支试管里加入少量 $KMnO_4$ 溶液和 3 滴稀硫酸。然后向试管中加入少量 $FeSO_4$ 溶液,振荡,观察溶液的颜色变化。当溶液紫色褪去时,再滴加 2 滴 KSCN 溶液,观察现象。

3. 铁离子的检验(附图 6—1)

(1) 在一个试管里加入 2 mL 水,再滴入几滴 $FeCl_3$ 稀溶液,然后滴入几滴 KSCN 溶液。观察现象。

(2) 在一个试管里加入几滴 $FeCl_3$ 稀溶液和稀盐酸,然后加入适量铁粉,轻轻振荡片刻,再滴入几滴 KSCN 溶液。观察现象。

问题和讨论

1. 根据实验结果,说明在用 $Al_2(SO_4)_3$ 溶液制备 $Al(OH)_3$ 时,为什么常用氨水而不用

图 6－1　铁离子的检验

NaOH 溶液。

　　2. Fe(OH)₃ 和 Al(OH)₃ 分别与稀硫酸、氢氧化钠溶液反应时,会有什么现象发生?

　　3. 怎样使 FeCl₂ 溶液转化为 FeCl₃ 溶液? 又怎样将 FeCl₃ 溶液转化为 FeCl₂ 溶液?

实验七 饱和烃和不饱和烃的性质比较

实验目的

1. 通过甲烷和乙烯的性质比较,认识饱和烃和不饱和烃的性质差异。
2. 加深对甲烷和乙烯性质的认识。
3. 了解饱和烃和不饱和烃的鉴别方法。

实验用品

试管、烧杯、玻璃导管、火柴。
甲烷、乙烯、溴水、$KMnO_4$ 酸性溶液、石灰水。

实验步骤

1. 甲烷的性质
(1)观察甲烷的颜色、闻它的气味,并作记录。
(2)将甲烷先后通入分别盛有 $KMnO_4$ 酸性溶液和溴水的试管里,观察现象并记录。
(3)检查甲烷的纯度后,在导管口点燃甲烷。将一个干燥的烧杯倒放在甲烷火焰的上方,注意观察现象。再换一个内壁用石灰水润湿的烧杯,罩在甲烷火焰上,观察现象。试对上述实验中发生的现象作出解释。

2. 乙烯的性质
(1)观察乙烯的颜色、闻它的气味,并作记录。
(2)把乙烯先后通入分别盛有 $KMnO_4$ 酸性溶液和溴水的试管里,观察现象并记录。
(3)在导气管口点燃乙烯,观察现象。

3. 实验现象及分析

实验	现象	
	甲烷	乙烯
颜色和气味		
点燃		
通入 $KMnO_4$ 酸性溶液		
通入溴水		
饱和烃和不饱和烃的性质差异比较		

问题和讨论

根据甲烷和乙烯的性质实验,设计鉴别甲烷和乙烯气体的方法,并总结饱和烃和不饱和烃的鉴别方法。

实验八 烃的衍生物

实验目的

1. 加深对乙醇、乙醛、乙酸重要性质的认识。
2. 了解检验醛基的实验方法。

实验用品

试管、试管夹、烧杯、量筒、滴管、玻璃棒、玻璃导管、玻璃片、橡皮塞、铁架台、镊子、小刀、酒精灯、滤纸、火柴。

无水乙醇、乙醇、10％NaOH 溶液、2％AgNO$_3$ 溶液、2％氨水、2％CuSO$_4$ 溶液、乙醛稀溶液、金属钠、铜丝、乙酸、Na$_2$CO$_3$ 粉末、Na$_2$CO$_3$ 饱和溶液、浓硫酸、热水、蒸馏水。

实验步骤

1. 乙醇的性质

(1)乙醇与钠的反应：

• 在大试管中注入 5 mL 无水乙醇,再加入一块新切的并用滤纸擦干的绿豆大的钠。观察实验现象。

• 用带玻璃导管的橡皮塞塞住大试管,用小试管收集气体,并检验其是否是氢气。

• 用玻璃棒蘸 2 滴反应后的溶液放在玻璃片上晾干,观察玻璃片上的残留物。

(2)乙醇氧化生成乙醛。在试管里加入 2 mL 乙醇。将一端弯成螺旋状的铜丝放在酒精灯外焰中加热,使铜丝表面生成一薄层黑色的氧化铜,立即把它插入盛有乙醇的试管里(如附图 8－1),这样反复操作几次,注意闻一闻生成物的气味,并注意观察铜丝表面的变化。写出有关反应的化学方程式。

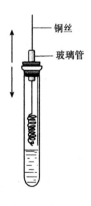

铜丝

玻璃管

附图 8－1 乙醇氧化生成乙醛

2. 乙醛的性质

(1)在试管里先注入少量 NaOH 溶液,振荡,然后加热煮沸。把 NaOH 溶液倒去后,再用水洗净试管备用。

（2）银镜反应。在上面洗净的试管里加入 1 mL $AgNO_3$ 溶液,然后逐滴滴入氨水,边滴边振荡。直到最初生成的沉淀刚好溶解为止。然后,沿试管壁滴入 3 滴乙醛稀溶液,把试管放在盛有热水的烧杯里(如附图 8－2),静置几分钟后,观察试管内壁有什么现象产生。解释这个现象,并写出反应的化学方程式。

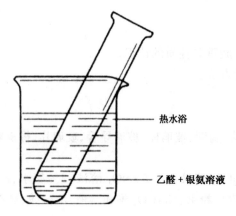

热水浴

乙醛＋银氨溶液

附图 8－2　乙醛的银镜反应

（3）乙醛被新制的 $Cu(OH)_2$ 氧化　在试管里加入 2 mL NaOH 溶液,再滴入 $CuSO_4$ 溶液 4～5 滴,振荡。然后加入 0.5 mL 乙醛稀溶液,给试管里的液体加热至沸腾,观察有什么现象产生。解释这个现象,并写出反应的化学方程式。

3.乙酸的性质

（1）乙酸的酸性:

• 用 pH 试纸测乙酸的 pH。

• 在试管里加入少量 Na_2CO_3 粉末,再加入 3 mL 乙酸溶液,观察有什么现象发生。

（2）乙酸乙酯的制取:

• 在一支试管中加入乙醇、乙酸各 2 mL,再慢慢滴入 0.5 mL 浓硫酸,在另一支试管中加入 3 mL Na_2CO_3 饱和溶液,按附图 8－3 所示把装置连接好。

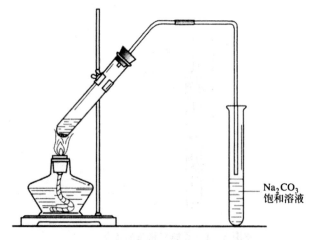

Na_2CO_3 饱和溶液

附图 8－3　乙酸乙酯的制取

• 用小火加热试管里的混合物。产生的蒸气经导管通到饱和 Na_2CO_3 溶液的上方约 0.5 cm 处,注意观察液面上的变化。取下盛有 Na_2CO_3 溶液的试管(小心不要被烫着),并停止加热。

• 振荡盛有 Na_2CO_3 溶液的试管,静置,待溶液分层后,观察上层的油状液体,并注意闻气味。写出反应的化学方程式。

问题和讨论

1. 做银镜反应实验用的试管,为什么要用热的 $NaOH$ 溶液洗涤?
2. 可以用什么方法检验乙醇与钠反应所产生的气体?
3. 在制取乙酸乙酯的实验中,浓硫酸与饱和 Na_2CO_3 溶液各起什么作用?